Irina Schlegel

Alles
Anziehsache

AF200670

Bibliografische Information der Deutschen Nationalbibliothek:
Die Deutsche Nationalbibliothek verzeichnet diese Publikation
in der Deutschen Nationalbibliografie; detaillierte bibliografische Datensind im Internet unter dnb.dnb.de abrufbar.

Lektorat und Korrektorat: Marleen S. Meri
Covergestaltung: BoD easyCOVER Editor
Layout und Satz: Ryvie Fux
Herstellung und Verlag: BoD - Books on Demand, Norderstedt
ISBN: 9783746063706

Für Lea.

Inhalt

Alles Anziehsache

– Vorwort –

Dieses Buch ist ein wütendes Buch.
Denke ja nicht daran, es wieder wegzulegen, da es
sonst womöglich zu explodieren droht, so wütend ist
es. Stelle dir nur einmal das Schlamassel und die riesi-
ge Sauerei vor!

Diese kleine, zugegebenermaßen nicht ganz ernst ge-
meinte Warnung stammt aus der Feder einer Autorin,
die ihr erstes Werk geschrieben hat. Und diese Autorin bin ich. Doch warum bin ich so wütend, dass ich
ein so explosives Buch herausbringe? Okay, okay – so
wütend bin ich in Wirklichkeit gar nicht. Hier spricht
bloß das kleine Teufelchen, das es sich auf meiner
rechten Schulter bequem gemacht hat und sich frech
„Selbstzweifel" nennt.
Diesen Haufen Papier hier habe ich etliche Male zer-
knüllt und gegen die Wand geworfen, nur um ihn
kurze Zeit später wieder aufzuheben und von vorn zu
beginnen.

Mit dem Schreiben ist es nämlich so wie mit der Suche
nach dem perfekten Outfit. Der Kleiderschrank ist
voller Anziehsachen, du brauchst nichts weiter zu
tun, als die richtigen herauszunehmen und passend
zu kombinieren, und doch mag das Endergebnis an

manchen Tagen einfach nicht harmonieren. Mal fehlt das gewisse Etwas, mal nur ein kleines Detail.

In meiner Wunschvorstellung starte ich, als richtige Schriftstellerin wohlbemerkt, jeden Morgen gut gelaunt und völlig beflügelt von neuen und frischen Ideen in den Tag. Selbst die Nacht ist mir kein Schrecken, sondern viel mehr der Ursprung von Muse und Inspiration. Der Art von Inspiration, die diese Seiten hier wie von Zauberhand zu füllen scheint.

Die Realität aber, die ist nicht so gütig und zuvorkommend zu mir. Denn sobald ich die Augen aufschlage und wahrnehme, dass es drei Uhr morgens ist, steckt dahinter meist keine romantische Idee von kreativer Erleuchtung, sondern einzig und allein das Babyfon aus dem Zimmer meiner Tochter.

Allein das Vorwort hat ein Dutzend Anläufe gebraucht, bis es zu dem geworden ist, was es jetzt ist. Und doch spielt das alles keine Rolle mehr. Denn ab heute bin ich Schriftstellerin. Und sobald der Moment da ist, an dem du dieses Buch in den Händen hältst, werden auch das allerletzte Fünkchen Wut über meine anfängliche Schaffenskrise und der allerkleinste Anflug von Zweifel verflogen sein und Zufriedenheit weichen, da bin ich mir ganz sicher.

Dieses Buch ist kein Sachbuch und auch kein klassischer Ratgeber. Es ist vielmehr eine autobiographische Geschichte, die dich zum Nachdenken, zum Träumen, zum Schmunzeln und zum Mitfühlen bringt. Ein kleines Büchlein, das dir zeigt, was du durch Selbstreflexion erreichen kannst.

Vielleicht sitzt du gerade im Zug und pendelst zur Arbeit, bist im Warteraum deines Arztes oder lässt es dir beim Friseur gut gehen. Situationen, in denen ich gern nach einer passenden Lektüre suche. Wenn es dir genauso ergeht, ist dieses Buch das richtige für dich. Es ist kurz, es ist kompakt und du verschwendest keine Zeit damit, in alten Zeitschriften zu blättern, mal wieder in dein Handy zu starren oder deine Lernsachen herauszukramen, während die Regionalbahn, in der du sitzt, durch die Städte düst.

Also, worum geht es nun in diesem papiernen Zeitvertreiber mit Inspirationspotenzial?

Im Grunde darum, den ersten Schritt zu wagen, sich selbst in den Hintern zu treten und seine jetzigen Denkweisen und sein daraus resultierendes Handeln zu hinterfragen. Vorausgesetzt du möchtest es, natürlich. Aber wer möchte das nicht? Schließlich ist niemand perfekt.

Wenn ich dir die Frage stelle, wer oder was du gern sein möchtest, wie lautet deine Antwort?

Wahrscheinlich würden dir in erster Linie all jene Dinge in den Sinn kommen, die dich davon abhalten, das zu sein, was du gern wärst. Getreu dem Motto „Ich wäre gerne ... aber ...". Daher muss ich meiner Frage einen kleinen Zusatz beifügen. Und zwar „... vorausgesetzt, es gäbe nichts auf der Welt, das dich daran hindern könnte, es zu erreichen."

Ich für meinen Teil würde Folgendes antworten: Ich bin dazu bestimmt, erfolgreich und glücklich zu sein. Als bekannte Autorin verfasse ich nicht nur Bücher wie dieses. Ich träume davon, Kinderbücher zu schreiben und jede Seite eigenhändig zu illustrieren. Ich liebe Kunst und alles Schöne. In meiner Vorstellung räume ich mir genügend Zeit ein, meine eigenen Gemälde zu malen und diese Kunstwerke mit einem schicken Glas Champagner in der Hand auf eigenen Vernissagen zu präsentieren.

Hier und da habe ich die Möglichkeit, etwas auszuprobieren: Ein eigenes Modelabel? Ein eigener Verlag für Kinderbücher? Ein fruchtiger Riesling mit meinem Etikett darauf? Alles ist möglich. Ich bin finanziell unabhängig, wohne in einem wunderschönen, zentral gelegenen Haus mit Parkett und hohen, stuckverzierten Wänden und genieße den besonderen Charme, den die Einrichtung versprüht. Ich besitze mehrere Immobilien und sorge somit für mein Alter vor. Ich habe so viel Geld, dass ich mich mit den schönsten und köstlichsten Dingen umgeben kann, und es bleibt immer noch genug, um etwas an meine Liebsten abzugeben. Zusammen bereisen wir die Welt, schlürfen Kokoswasser auf Tahiti, essen Mango Sticky Rice auf Koh Samui und spazieren durch meterhohen Schnee zu unserer gemütlichen Hütte in Nordfinnland zurück, wo ein Feuer im Kamin und heißer Glögi auf uns warten.

Das klingt ja fast zu schön, um wahr zu sein, könnte man meinen. Tatsächlich habe ich mir für diese Idealvorstellung meiner Zukunft erlaubt zu träumen und alles auszublenden, was mir im Weg stehen könnte. Und dabei ist mir aufgefallen, dass mich schon sehr lang niemand mehr danach gefragt hat, wie ich mir meine Zukunft ausmale. Niemand einschließlich mir selbst. In meinem von Stress und Hektik beherrschten Alltag nehme ich mir nur selten die Zeit, um darüber nachzudenken, was ich wirklich möchte und wie ich es erreichen kann.

Das letzte Mal, dass ich darüber sinnierte, welchen Weg ich nun einschlagen sollte, war im letzten Jahr meiner Schullaufbahn zum Erlangen der Allgemeinen Hochschulreife im Fachbereich Gesundheit und Soziales. In der Abschlusszeitung unseres Jahrgangs antwortete ich auf die obligatorische „Wo siehst du dich in zehn Jahren?"-Frage folgendermaßen: „In zehn Jahren sehe ich mich als erfolgreiche Ökotrophologin mit einem gut abgeschlossenen Studium. Ich wünsche mir weiterhin guten Kontakt zu meinen Eltern und Geschwistern und natürlich wünsche ich ihnen sowie mir Gesundheit und Zufriedenheit. Das erste Kind könnte unterwegs oder schon vorhanden sein. Die Planung für ein eigenes Haus kann beginnen, welches in einer ruhigen Gegend stehen soll."

Nach inzwischen dreizehn Jahren, die seit dem Druck dieser Zeitung vergangen sind, stelle ich mit Erstaunen fest, dass ich alle der dort genannten Punkte mit einem Häkchen versehen kann.

Meine Ziele von damals waren bescheiden, aber ernst gemeint. Große Gedanken darüber, wie ich sie formuliere, habe ich mir nicht gemacht. Sie schienen mir für meinen bisherigen Lebenslauf einfach passend. Nicht zu hoch gesteckt, wenig aufsehenerregend und nicht allzu verrückt. Und wie es so ist, wenn man sich bewusst oder unbewusst für gewisse Ziele entscheidet, richtet man ebenso bewusst oder unbewusst seine Einstellung und sein ganzes Handeln nach ihnen aus. Es ist daher nicht verwunderlich, dass ich mit den Jahren alles in dieser Zeitung Genannte auch tatsächlich verwirklicht habe.

Wenn ich nun also die oben genannten Punkte, meine jetzigen Wünsche und Vorstellungen, genauso angehe, wer sagt, dass ich sie dann nicht auch umsetzen kann? Es sind immerhin Punkte, die mir ein gutes Gefühl bereiten, wenn ich nur an sie denke, die aus einem spontanen Impuls, einem Bauchgefühl heraus entstanden sind. Mit ein wenig Elan könnte das doch klappen?

Zumindest in der Theorie erscheint dies einfach. Seinen Impulsen, seinen Träumen, seinen Gefühlen zu vertrauen, dankbar für alles zu sein und fokussiert zu denken und zu handeln. Aus eigener Erfahrung wissen wir jedoch, dass *irgendetwas* uns an der Umsetzung hindert. Die meisten finden nie heraus, was genau diese Blockade erzeugt. Aber ich habe herausgefunden, was dieses *Irgendetwas* ist.

Werfen wir nur einen kurzen Blick auf meine jetzige Situation: Ich habe in dem Glauben, dass ich mir und meinem Umfeld durch Kenntnisse in den Bereichen der Ernährung und der Physiologie des Körpers helfen kann ein besseres Leben zu führen, das Studium der Ökotrophologie aufgenommen. Ich habe es gut abgeschlossen und sogar durch ein weiterführendes Studium in Food Science ergänzt. Nur bedeuten tut es mir heute nicht wirklich etwas. Wo andere vor Stolz strotzen, wäre ich genauso glücklich mit einer Ausbildung zur Friseurin, zur Tischlerin oder zur Grafikdesignerin geworden. Ich habe den Job als Produktmanagerin bei einem bekannten Lebensmittelhersteller angetreten, um meinem Wunsch nach einem guten Gehalt und nach beruflicher Wertschätzung nachzukommen. Und bedeuten tut es mir heute ebenso wenig. Es gibt selbstverständlich Tage, die spaßig sind und an denen ich nach Erfüllen aller Aufgaben mit gutem Gewissen ins Bett falle. Von echter Erfüllung ist jedoch nicht die Rede.

Diese unterschwellige Unzufriedenheit, die aus alldem resultiert, hat es sich in meinem Körper regelrecht gemütlich gemacht. Sie findet jede Schwachstelle, um sich zur Schau zu stellen und mir ein „Hallo, da bin ich!" entgegenzuwinken. Ich fühle mich ständig matt und abgeschlagen. Ich presse unbemerkt meine Zähne aufeinander, bis mir der Kiefer schmerzt, ich beiße mir den Mundinnenraum kaputt, sobald meine Gedanken abschweifen, erleide Panikattacken in den banalsten Situationen und darf mich neuerdings auch noch mit einem Augen-Tic herumplagen.

Dieses *Irgendetwas* also, das mich daran hindert, mein Traumleben zu leben, sind meine Überzeugungen. Überzeugungen, die ich aus falschen Tatsachen herausgebildet habe. Woher ich das weiß?

Schon als Kind habe ich es mir zur Angewohnheit gemacht, auf meine innere Stimme zu hören. Ich stellte ihr Fragen, stritt mich mit ihr und ließ mich von ihr zu den schönsten Tagträumen verleiten. Das Tagträumen gefiel mir sogar so gut, dass ich mich nur schwer dazu motivieren konnte, dem Unterricht in der Schule oder später im Erwachsenenalter gar der Vorlesung an der Hochschule zu folgen.

Und genau diese jahrelang geführten Dialoge mit mir selbst haben mich zu der Erkenntnis geführt, dass alles, was mich in meinem Leben behindert, eben meine Überzeugungen sind, die Dinge, an die ich bewusst und unbewusst glaube. Erfahrungen und Prägungen im Kindesalter haben ihren Teil dazu beigetragen. Gerade der Einfluss von Eltern, Geschwistern, Freunden, Partnern, entfernten Bekannten oder sogar völlig Fremden hat mich Verhaltensweisen lernen und Denkmuster erlangen lassen, die allem widersprechen, was ich sein möchte. Klingt zu einfach? Nun, ich habe ja ein ganzes Buch lang Zeit, dir das ausführlich zu erklären und diesen fiesen und vor allem falschen Überzeugungen an den Kragen zu gehen.

Spätestens jetzt sollte dir aufgefallen sein, dass dieses Buch nicht von dem richtigen Outfit für heute Abend handelt. Im entfernteren Sinne zieht sich das Thema *Anziehen* dennoch wie ein roter Faden durch jedes Kapitel. Dies begründet sich im sogenannten *Gesetz der Anziehung* oder auch *Gesetz der Resonanz,* von dem ich erst kürzlich im Gespräch mit einer Freundin erfuhr. Es ist ein Gesetz eher spirituellen Ursprungs, das behauptet, dass Gleiches Gleiches anzieht und du allein durch Beachtung einiger Spielregeln dein Leben in die gewünschte Richtung lenken kannst – ganz egal, wie deine Vergangenheit aussieht, was dir widerfahren ist und wo du aktuell stehst. Ich möchte nicht übertreiben, wenn ich sage, dass ich erst mit Kenntnis dieses Gesetzes den Mut gefunden habe, dieses Buch zu schreiben.

Das alles zusammen, meine Gedanken an eine schöne Zukunft und die Idee, einen Weg gefunden zu haben, wie diese erreicht werden kann, haben mich unglaublich motiviert. Wenn du also auch ein Mensch bist, der spürt, dass das Leben mehr für dich bereithält, dass dir mehr *zusteht*, als du bisher erhalten hast, dann freue ich mich darauf, mit dir gemeinsam diesen Schritt zu gehen, unsere negativen Gedanken bis ins Detail zu zerpflücken und uns beim Erreichen jedes noch so kleinen Teilzieles zu feiern.

Es geht nicht darum, dir einen perfekten Weg vorzugeben. Auch ich werde hier nur Etappenziele präsentieren. Die perfekte Lösung, die du womöglich suchst, wirst du nur finden, wenn du die Tipps und Anleitungen nach deinem individuellen Vorgehen umsetzt.

Ich habe drei für mich wichtige Lebensbereiche herausgesucht, die ich in den folgenden Kapiteln näher beleuchten werde – die Liebe, das Geld und das körperliche und seelische Wohlbefinden. Bereiche, die mein Leben auf positive sowie negative Art und Weise massiv beeinflussen. Bereiche, in denen ich das *Gesetz der Anziehung* bereits mehr oder weniger gut anwende. Du kannst das Konzept aber auch auf alle anderen dir wichtigen Bereiche übertragen.

Bist du bereit?

Eine kleine Gedankenreise

Der erste Schritt zu einer konzentrierten und fokussierten Mentalität besteht darin, dich in einen Zustand innerlicher Ruhe und Entspannung zu bringen. Fühlst du dich unbeschwert, fällt es dir leichter, dich auf deine Träume, deine Gefühle einzulassen und wahre Dankbarkeit zu empfinden. Aus diesem Grund starten wir mit einer kleinen Gedankenreise.

Zunächst einmal machen wir es uns bequem. Rolle ein wenig mit den Schultern, um zu symbolisieren, dass du von jetzt an ganz locker bist. Vergiss deine Verspannung im Nacken, glätte die Zornesfalte, zwinge dir ein klitzekleines Lächeln ab. Du siehst toll aus.

Egal, wo du gerade bist, in Gedanken bist du ganz bei mir. Wir stellen uns vor, wir säßen gegenüber voneinander tief versunken in einem weichen, dick gepolsterten Sessel. Es ist der bequemste Sessel, in dem du jemals saßt, einer aus toffeebraunem Leder. Ein herb duftendes antikes Stück aus den Sechzigerjahren. Genieße es! Um uns herum ist niemand, nur vollkommene Stille.

Die Luft, die du einatmest, ist frisch, aber wohlig warm. Du fühlst dich gut in deiner Umgebung, draußen unter freiem Himmel.

Für gewöhnlich siehst du, wenn du in den Nachthimmel schaust, das was offensichtlich da ist. Unzählige Sterne, den ein oder anderen Flieger, selten mal einen

Satelliten und den hell scheinenden Mond. Heute aber erblickst du mehr. Bei der Größe des Weltalls über dir fühlst du dich unfassbar klein. Wie weit ist der Stern dort rechts von dir wohl entfernt? Der eine da glitzert rötlich, ist es vielleicht der Mars? Wie würde sich ein Schritt auf seiner staubigen Oberfläche anfühlen? Beinahe wäre es dir nicht aufgefallen, dass du diesem Planeten bereits ganz behutsam entgegenschwebst. Schon bald berühren deine Füße den Boden und du spürst den Sand durch deine Finger rieseln, ganz leicht und vollkommen leise.

Am liebsten würdest du bis ans Ende des Universums fliegen, um nachzusehen, was sich hinter der Dunkelheit verbirgt. Ist dort womöglich alles weiß? Wohin dehnt sich unser Weltraum stetig aus? Während deine Gedanken um die Zusammensetzung des Weltraums kreisen, schweift dein Blick in Richtung Erde. Schon lustig zu sehen, wie sich die Menschen wie kleine Ameisen darauf tummeln. Jeder hat seinen Plan, jeder folgt einem vermeintlich wirren Pfad und findet am Ende des Tages doch immer wieder an ein und denselben Ort zurück. Acht Milliarden Menschen sind es, die heute unseren Planeten besiedeln. Es sind so viele wie noch nie zuvor. Sechs Millionen Jahre hat es gebraucht, bis wir zu dem geworden sind, was wir heute sind. Eine lange Zeit zum Nachdenken. Stell dir vor, jeder noch so kleine Gedanke, den du heute denkst, wurde bereits von Abermilliarden von Menschen auf dieselbe Art gedacht. Jedes noch so große Problem, das du heute für unlösbar hältst, wurde schon zigmal gelöst. Ich verstehe es, wenn dich Gedanken wie diese melancholisch und schwermütig stimmen. Welchen

Sinn hat unser Dasein, wenn wir doch so klitzeklein sind? Dennoch sind diese Gedanken und der Blick auf das Große und Ganze wichtig. Ein kleiner Ausflug in weitere Sphären kann helfen die Dinge von oben, aus einer Entfernung heraus, zu betrachten.

So wie jedes Element, jedes noch so kleine Detail des Universums für dessen Existenz unabdingbar ist, hast auch du deine Daseinsberechtigung darin. Du bist ein einzigartiger Bestandteil dieser Welt. Es gibt keine zweite Ausführung von dir. Niemanden, der haargenau so ist wie du und exakt dieselbe Aufgabe zu erfüllen hat.

Wenn du also ein glückliches und erfülltes Leben führen möchtest, musst du dich bloß der Herausforderung stellen herauszufinden, was deine Aufgabe ist. Was ist es, das du der Welt ganz persönlich zur Verfügung stellst? Vielleicht kannst du besonders gut Konflikte lösen, am offenen Herzen operieren oder wunderschöne Möbel herstellen. Egal, was es ist, irgendetwas gibt es da auf alle Fälle.

Beim nächsten Wimpernschlag kehrst du sanft wieder auf die Erde zurück. Spüre in deinen Körper hinein und nimm die Ruhe und Entspannung wahr, fühle dich geborgen in deinem Sessel.

Wenn du möchtest, setzen wir unsere Reise fort. Doch dieses Mal an einen anderen Ort.

In großen Dimensionen wie dem Weltall zu denken, fällt uns leicht. Jeder von uns hat schon einmal Bilder von Galaxien, Planeten und Raumexpeditionen gesehen. Wir haben eine vage Vorstellung davon, was es heißt, dass etwas unendlich groß ist. An das unendlich Kleine zu denken, fällt uns da schon deutlich schwerer. Wobei ein Blick dorthin sich ebenso lohnt. Vor allem dann, wenn du deinen Körper und deinen Geist ein Stückchen mehr verstehen möchtest.

Der Sessel, in welchem du sitzt, woraus besteht dieser? Ich meine nicht das Holz und den Federkern. Noch fundamentaler. Deine Hände, das feine Material deiner Kleidung, die Papierseiten dieses Buches, woraus bestehen diese? Es braucht schon viel Fantasie, um sich vorzustellen, dass alles, was dich umgibt, letztendlich aus ein und demselben Stoff gebaut ist. Und wenn ich Stoff schreibe, dann meine ich damit die kleinsten unteilbaren Bausteine von allem, was existiert – die Elementarteilchen.

Bis zum Ende des 19. Jahrhunderts galten Atome als *die* kleinsten Teilchen. Heute sind wir noch schlauer. Wir wissen, dass Atome teilbar sind, sie im Kern aus den elektrisch positiv geladenen Protonen und den neutral geladenen Neutronen bestehen. Die Hülle, die diesen Kern umgibt, enthält derweil die negativ geladenen Elektronen. Und selbst diese Teilchen können noch weiter zerlegt werden.

Zu Beginn des 20. Jahrhunderts tüftelten bekannte Physiker wie Albert Einstein, Werner Heisenberg und Max Planck an immer tiefgehenderen Methoden, um das Allerkleinste zu erforschen, und das mit großem Erfolg. Durch sie wissen wir heute, dass es die Quarks sind, aus denen unsere Protonen und Neutronen bestehen. Zu den Elektronen haben sich ein paar weitere negativ geladene Teilchen hinzugesellt. Und zusammen mit den sogenannten Austauschteilchen, die für die Wechselwirkungen der Bausteine verantwortlich sind, gelten diese Partikel als die aktuell kleinsten unteilbaren Teilchen dieser Welt. Und das ist längst nicht alles, was herausgefunden wurde.

Diese kleinen Teilchen und somit alle Materie, die wir als feste Körper um uns herum wahrnehmen, bestehen im Grunde gar nicht aus Materie, sondern aus Energie.

Klingt zunächst nach Hokuspokus. Aber ein kleiner Blick in das Innere eines Protons reicht aus, um uns vom Gegenteil zu überzeugen. Wie wir gelernt haben, besteht dieses aus Quarks. Wer sich diese Quarks nun als ein großes, sperriges Gerüst vorstellt, das das Proton irgendwie zusammenhält, der irrt sich. Die Teilchen schwimmen eher ganz seicht im Proton herum. In einem Meer aus Energie. Energie, die einerseits durch die Bewegung der Teilchen entsteht, und Energie, die die Austauschteilchen beim Zusammenhalten der Quarks erzeugen.

Und diese Quarks sind so unfassbar klein, dass sie nicht mehr und nicht weniger als 0,2 % der Gesamtmasse des Protons ausmachen.

Diejenigen Teilchen also, aus denen du, dein Körper und alle deine Organe gemacht sind, bestehen zu 99,8 % nicht aus festem Stoff, sondern aus purer Energie.

Für unseren Alltag mag diese Information wenig nützen. Vielleicht wirst du dich nun mit anderen Augen betrachten, vielleicht auch nicht. Wir sind jedoch schon einen großen Schritt weiter, wenn du die letzten Zeilen als Anlass dafür genutzt hast, mehr in deinen Körper hineinzuhören.

Wir können an dieser Stelle sogar noch ein Stückchen weiter gehen. Wenn wir das Innere eines Protons oder Elektrons *noch* genauer inspizieren – nicht den Aufbau an sich, das haben wir schon getan, sondern das Funktionieren eines solchen Teilchens –, dann stellen wir etwas noch Faszinierenderes fest. Hier drin hat alles, was wir aus der klassischen Physik kennen, keinerlei Bedeutung.

In der klassischen Mechanik ist es beispielsweise kein Problem, zu jeder Zeit herauszufinden, an welchem Ort sich ein Körper befindet und mit welcher Geschwindigkeit er unterwegs ist. Bei einem so kleinen Teilchen wie dem Proton oder dem Elektron lässt sich das nicht so exakt bestimmen. Hier drin gelten nämlich die Regeln der Quantenmechanik. Diese Regeln unterscheiden sich nicht nur mathematisch von denen der klassischen Physik. Sie scheinen sogar allem zu widersprechen, was wir aus unserer Natur kennen und für *normal* halten. So können wir etwa nicht genau sagen, wo sich ein Proton oder Elektron gerade aufhält und wie schnell es durch die Gegend flitzt. Sobald seine Position gemessen wird, ist es quasi schon woanders. Wie kann es so schnell sein?

Louis de Broglie, ein französischer Physiker, hat diese merkwürdige Eigenart unserer kleinsten Teilchen entdeckt und erstmals beschrieben. Er schaute sich die Bewegung von Elektronen an und war verblüfft darüber, dass es schlicht unmöglich ist, ihre genaue Lage zu bestimmen. Nach etlichen Versuchen kam er zu dem Schluss, dass jede Materie einen Wellencharakter aufweisen müsse und andersherum auch jede Welle einen Teilchencharakter besitze. Sobald er versuchte die Position des Elektrons zu messen, verhielt es sich plötzlich wie ein Teilchen, obwohl es vorher nachweislich als Welle unterwegs gewesen war. Entscheidend ist der Messprozess hierbei. Wird die Position beispielsweise durch Beobachten gemessen, entscheidet sich das Elektron für einen Zustand. Als würde es sich plötzlich ertappt fühlen und zu einem Teilchen „erstarren".

Auch im Alltagsgeschehen beobachten wir eher Zustände als Entwicklungen. Wir haben kaum eine Chance, die Materie in Wellenform wahrzunehmen. Wir sehen mit den Augen, hören mit den Ohren, empfinden subtilste Gefühlsregungen in uns und doch finden diese Phänomene in unseren kleinsten Bausteinen statt. Dann, wenn niemand genau hinschaut, zumindest. Die Auswirkungen bemerken wir erst, wenn der Prozess bereits durchlaufen ist.

Sind unsere im Unterbewusstsein erzeugten Gefühle theoretisch nicht genau so etwas? Gefühlswellen oder Energien, die wir zumindest *noch* nicht gemessen oder wahrgenommen haben? Ihre ungeheure Wirkung auf uns können wir immerhin nicht leugnen. Müsste es dann nicht unser Ziel sein, diese Gefühlswellen einzufangen, in etwas „Festes" zu verwandeln und somit greifbar und veränderbar zu machen?

Fantasiereisen sind dazu gedacht, dich gedanklich an einen anderen Ort zu versetzen. Sie animieren dich dazu, über Dinge nachzudenken, die im Alltag nur wenig oder gar überhaupt keinen Platz haben. Sie fördern Entspannung und regen deine Kreativität an.

Seitdem ich alle Dinge, die um mich herum geschehen, aus dem großen Ganzen heraus betrachte, fällt es mir deutlich leichter, gelassener auf Situation zu reagieren. Ist ein Fehler, den du begangen hast und der dir heute den Schlaf raubt, in einem Jahr noch interessant? Meistens nicht. Du bist sicherlich nicht der Erste und auch nicht der Letzte, der denselben Fehler begangen hat. Und auch nicht der Erste und Letzte, der dafür eine Lösung gefunden hat.

Seitdem ich die Welt und meine Mitmenschen aus der Beobachterposition, aus dem Großen und Kleinen, betrachte, kommt es mir nicht einmal in den Sinn, über Nichtigkeiten zu urteilen. Hat jemand eine merkwürdige Nase, fällt es mir im Traum nicht ein, mich darüber lustig zu machen. Ich sehe sie als das, was sie ist, eine Nase, die genauso wie meine oder deine aus ein paar Quarks und Elektronen aufgebaut ist.

Wie funktioniert das mit der Anziehung?

Hast du dich schon einmal gefragt, wie viele Gedanken dein Gehirn am Tag produziert? Während du die Tüte Toast in deinen Einkaufswagen wirfst, denkst du an die Mail, die du morgen früh verschicken musst, um ein bestimmtes Timing einzuhalten. Während du deinen Kinderwagen durch einen Haufen Hundemist rollst, denkst du fluchend an den dummen Besitzer und wünschst ihm alles Schlechte. Es sind Tausende. Tausende Gedanken kreisen durch deinen Kopf, manche bedacht, manche unbedacht.

Was wäre aber, wenn deine Gedanken Dinge wären, sagen wir mal kleine Wölkchen, oder Schmetterlinge, die aus deinem Kopf herausflattern, sobald sie gedacht wurden, und ohne weiteres Zutun an den zuvor gedachten Ort oder zu dem gedachten Ereignis fliegen? Wohin würden sie sich bewegen? Wenn jedes Wort und jedes Bild nur entstehen, um dein Leben in eine bestimmte Richtung zu lenken, was würdest du denken? Und wenn du diese Richtung selbst bestimmen könntest, welche Worte und Bilder würdest du wählen, um dein Traumleben wahr werden zu lassen?

Gedanken sind im Grunde nichts weiter als unsichtbare elektrische Ströme, über die sich deine Nervenzellen miteinander unterhalten. Informationen werden aufgenommen, ausgetauscht und verarbeitet. Sie entstehen als ein Produkt deines Gehirns in der Wechselwirkung mit seiner Umgebung und seinen Sinnen. Du denkst, sobald du hörst, siehst, schmeckst, riechst und fühlst. Selbst im Schlaf hören diese Ströme nicht auf zu existieren.

Das Gute an Gedanken ist, dass sie ganz dir gehören und du zu jeder Zeit die Fähigkeit besitzt, sie zu verändern. Und somit auch dein Leben. Und da wären wir auch schon bei der Grundidee des Resonanzgesetzes, das ich im weiteren Verlauf dieses Buches lieber „die Anziehsache" nennen werde. Das Wort Gesetz verbinde ich eher mit Zwang und genau das möchten wir ja vermeiden.

Die Anziehsache liegt inmitten unseres Körpers. Sie beschreibt, wie wir Situationen, Beziehungen und sogar materielle Dinge als direkte Folge unserer Art zu denken, zu fühlen und zu handeln in unser Leben bringen können. Wenn du dich entscheidest deine Aufmerksamkeit auf etwas zu richten, kannst du dieses Etwas herbeiführen, geschehen lassen, in deinem Leben manifestieren.

Um die Anziehsache ranken sich viele Erklärungsansätze – sowohl wissenschaftlich fundierte als auch solche mystischer und spiritueller Natur.

Durch moderne Hirnscanner können wir beispielsweise darstellen, wie körperliche Betätigung, Stress und auch soziale Beziehungen unser Gehirn formen und immer wieder neugestalten. Der wissenschaftliche Erklärungsansatz, der sowohl in der Neurowissenschaft als auch in der empirischen Psychologie gesucht wird, basiert grundlegend auf den nachweisbaren Verbindungen zwischen Gehirn und Körper, die untrennbar miteinander verknüpft sind und sich durch unser Nerven- und unser Hormon- und Drüsensystem wechselseitig beeinflussen. Der physikalische Zustand unseres Gehirns und die Qualität der Gedanken darin sind demnach maßgebend dafür, dass wir unser Leben so leben, wie wir es leben. Der spirituelle Erklärungsansatz ist etwas schwieriger zu beschreiben und lässt insbesondere Skeptikern und Personen, die keinen Zugang zur eigenen Geistigkeit zulassen, viel Platz für Kritik. Kritik, die hier und da gern mal lauthals verkündet wird. Doch trotz alledem habe ich mein Herz an ebendiesen Erklärungsansatz der Anziehsache verloren.

Für mich besitzt das System, was ich folgend erklären werde, eine fundamentale Kraft. Der Glaube spielt dabei eine zentrale Rolle. Doch das Funktionieren der Anziehsache ist nicht nur eine reine Sache des Glaubens. Gerade das Ineinandergreifen beider Elemente, der Wissenschaft und der Spiritualität, macht für mich das Wesentliche aus.

Resonanz bedeutet hierbei grundsätzlich nichts weiter als das Mitschwingen oder Mittönen eines Körpers mit einem anderen.

Die *Anziehsache* folgt der Annahme, dass alles im Universum über Schwingungen miteinander kommuniziert. Alle Dinge, seien es das Glas Wasser neben dir oder deine Körperzellen, sie alle besitzen eine gewisse Eigenschwingung. Sie schwingen dabei alle mit einer unterschiedlichen Frequenz. Pierre Franckh, ein deutscher Bestsellerautor und Mentalcoach, bedient sich in seinem Buch „Das Gesetz der Resonanz" eines einfachen Beispiels: einem Musikinstrument wie dem Klavier. Wird ein Ton angeschlagen, so werden alle Saiten, die mit diesem resonieren, das heißt mit ihm harmonieren, ebenfalls in Schwingung gebracht. Und so verhält es sich auch mit menschlichen Körpern und allen anderen Dingen um uns herum. Sobald ein anderer Mensch mit der gleichen Frequenz wie du schwingt, wird er nicht drum herumkommen, in irgendeiner Weise darauf zu reagieren. Da bekommt das Sprichwort „auf einer Wellenlänge sein" eine ganz neue Bedeutung.

Eine weitere grundlegende Aussage der Anziehsache ist die, dass Gleiches auch Gleiches anzieht. Alles, was mit uns auf selber Frequenz schwingt, mit uns resoniert, wird in unser Leben gezogen. *Alles* schließt dabei sowohl andere Menschen wie auch Geschehnisse und Grundhaltungen ein. Eben alles, was dich im sichtbaren und unsichtbaren Bereich umgibt. Das kann gut oder auch weniger gut für uns sein. Wenn du zum Beispiel nicht möchtest, dass du negative Ereignisse anziehst, solltest du herausfinden, welches Resonanzfeld du bewusst und unbewusst erzeugst.

Woher erkenne ich aber, welches Resonanzfeld ich erzeuge, und wie komme ich dadurch meinem Traumleben ein Stückchen näher?

Nicht das Gehirn und die Gedanken darin stehen in der spirituellen Sichtweise im Fokus, es ist vielmehr unser Herz. Unser Herz, das Zentrum unserer Gefühle, wie es weltweit und seit Menschengedenken symbolisiert wird.

In fast allen Kulturen spielt das Herz eine zentrale Rolle, wenn es darum geht, unseren Geist zu verorten und ein Zuhause für unsere Seele zu finden. Wie Pierre Franckh in seinem Werk beschreibt, ist das Herz von einem riesigen Energiefeld umgeben. Die von ihm erzeugten elektrischen und magnetischen Schwingungsfelder sind weitaus größer und stärker als die des Gehirns. Durch sie kommuniziert das Herz nicht nur mit allen Organen unseres Körpers und lässt sie wissen, welche Hormone und Stoffe dieser gerade braucht. Sie erstrecken sich auch auf unser Umfeld und interagieren mit allem, was uns umgibt. Du kennst sicherlich Situationen, in denen du dich in der Nähe bestimmter Menschen aus unerklärlichen Gründen unbehaglich fühlst. Deren ausgesandte negative Energie könnte ein möglicher Grund dafür sein. Negativ gestimmte Menschen strahlen auch negative Schwingungen aus. Finden sich in deinem Körper ähnliche Frequenzen, die mit denen der anderen Person in Resonanz treten, so reitest du zwangsläufig auf dieser negativen Welle mit.

Diese Resonanzfelder, die Schwingungen, gehen also von unserem Herzen aus. Und die Antwort auf die Frage, welches Resonanzfeld du erzeugst, welche Schwingungen du aussendest, findest du allein in deinen Gefühlen.

Unsere Gefühle sind es, die unser Herz hernimmt, in die genannten elektrischen und magnetischen Schwingungen umwandelt und als Information an uns selbst und unser Umfeld ausstrahlt und weitergibt.

Unsere Gefühle wiederum formen unsere Überzeugungen und diese formen unsere Gedanken. Wir denken, was wir innerlich fühlen und wovon wir aus tiefstem Herzen überzeugt sind.

Oft sind wir uns gar nicht bewusst, was wir fühlen. Nicht selten verdrängen wir unangenehme Emotionen sogar oder denken im Alltag einfach nicht darüber nach. Erst, wenn sich Wünsche, Sehnsüchte und Träume trotz größter Mühe nicht verwirklichen lassen, fangen wir an zu zweifeln und uns zu fragen, woran das wohl liegt.

Unsere Gedanken aber, die sind uns weit weniger fremd als unsere Empfindungen. Wir kennen sie, sie begleiten uns tagtäglich. Die Kunst ist es nun, diese Gedanken aufzugreifen und die zugrunde liegenden Überzeugungen zu ergründen, um dadurch an unsere Gefühle heranzukommen. Denn erst wenn du dich bezüglich eines Wunsches gut fühlst, du von der Erfüllung aus tiefstem Herzen überzeugt bist, wirst du das gewünschte Ereignis durch die Kraft deines Herzens in dein Leben ziehen.

Hast du einen konkreten Wunsch, steckst aber voller Zweifel und Sorge darüber, ob er je in Erfüllung geht, so wirst du nichts weiter anziehen als noch mehr Zweifel und Sorge.

Was wäre nun also, wenn deine Gedanken kleine Dinge wären, die du aus deinem Kopf fliegen siehst und die du auf ihrem Weg verfolgen kannst? Auf welche Reise würdest du sie schicken? An einen Ort voller Zweifel, Angst, Missgunst und Neid? Oder an einen wundervollen Ort voller Glück, Freude und Reichtum? Du hast zu jeder Zeit die Möglichkeit und Fähigkeit, die Richtung selbst zu bestimmen.

***

Wir haben anfangs festgestellt, dass du gewisse Situationen, Beziehungen und materielle Dinge in dein Leben ziehen kannst, indem du deine Aufmerksamkeit auf sie richtest. Wenn du gleichzeitig auch von ihrer Erfüllung überzeugt bist und dich beim Gedanken an deine Wünsche gut fühlst, hast du das Prinzip der Anziehsache in deine Grundhaltung aufgenommen.
Wenn du die folgenden Schritte und Spielregeln beachtest, steht einem erfolgreichen Leben nichts mehr im Wege.

Schritt 1:

Entscheide dich für ein Ergebnis, dessen Eintreffen du dir wünschst, und fokussiere dich auf dieses Ziel. Dabei ist es völlig egal, wie groß es ist und wie unerreichbar es dir scheint.
Es ist auch völlig egal, *wie* du es erreichst, sei dir nur sicher, *dass* du es erreichst. Setze dir kein Zeitlimit und denke stets daran, dass es so etwas wie verpasste Gelegenheiten gar nicht gibt.
Auf deinem Weg wirst du den einen oder anderen Rückschlag erleiden. Doch denke stets daran, dass dies zu deinem Plan gehört.

Daher lasse dich von Misserfolgen nicht abschrecken oder gar aufhalten, lerne viel mehr aus ihnen.

Solltest du Schwierigkeiten damit haben, dir ein klares Ergebnis vorzustellen, kannst du auf ein paar simple Hilfsmittel zurückgreifen.

Wie du ja bereits weißt, habe ich mich schon in Kindheitstagen in meinen Tagträumereien verloren. Ganz intuitiv habe ich mir Situationen ausgemalt, die ich mir gewünscht habe. Ich habe davon geträumt, eines Tages die Kleidung zu tragen, die ich schön finde, den Ort zu bereisen, den ich so gern sehen würde, und die Tests zu bestehen, die mir am meisten Kopfzerbrechen bereiteten. Ich habe es immer *träumen* genannt. Dabei habe ich nichts weiter getan, als die Ergebnisse zu visualisieren, die ich in mein Leben ziehen wollte. Ich wusste, dass ich sie eines Tages erreichen würde, und fühlte dieses Glücksgefühl bereits beim Träumen. Aus dem Bauch heraus habe ich also bereits als Kind die richtigen Voraussetzungen in mein Leben gebracht, und das, obwohl ich von der Anziehsache noch keinen blassen Schimmer hatte. Eines der vielen Dinge übrigens, die wir von Kindern lernen können!

Wenn es dir schwerfällt, nur von den Dingen zu träumen, kannst du sie auch anderweitig sichtbar machen.

Erstelle dir ein Visionboard, ein Plakat, und klebe, zeichne oder schreibe alle Dinge drauf, die du in deinem Leben haben möchtest. Dein Traumhaus mit wunderschöner Einrichtung? Die Chanel Handtasche? Ein volles Konto? Alles, was dich gesund, glücklich und zufrieden stimmt. Betrachte dieses Board und stell dir vor, wie es wäre, dies alles bereits erreicht zu haben.

Und da wären wir auch schon beim schleichenden Übergang zum nächsten Schritt.

Schritt 2:

Verkörpere die zukünftige Version von dir und lebe das gewünschte Leben bereits jetzt. Buche dir einen Besichtigungstermin in deinem Traumhaus, auch wenn du es dir noch nicht leisten kannst. Spaziere in ein Chanel Geschäft und ignoriere die abschätzigen Blicke der Verkäuferin, die wahrscheinlich ohnehin nur in deinem Kopf existieren. Du kannst dir die Tasche leisten, auch wenn du dafür drei Monate arbeiten musst, aber du *kannst* sie dir leisten. Und schreibe ein Buch, auch wenn dein imaginärer Schweinehund dir einredet, du könntest dich nicht gut genug ausdrücken. Sei die Person, die alles hat, was du dir wünschst. Beginne deinen Weg jetzt und nicht irgendwann in der Zukunft. Wobei wir auch schon beim letzten Schritt wären.

Schritt 3:

Gehe in Aktion und handele. Tritt aus deiner Komfortzone und unternimm Dinge, die dich deinem Ziel näher bringen. Hast du beim Gedanken an dein Ergebnis ein gutes Gefühl und es durch die vorigen Schritte klar vor Augen, wirst du unterbewusst schon die richtigen Schritte dafür einleiten.

Ich für meinen Teil habe schon lang nichts mehr geträumt. Meine damaligen Listen mit den Dingen, die

ich mir gern kaufen würde, hätte ich viel Geld, sind
schnöden To-do-Listen gewichen, die mir sagen, was
ich in den nächsten Stunden zu erledigen habe. Fürs
Träumen brauche ich Ruhe, die ich nicht habe. All-
tagsstress und negative Gedanken nehmen aktuell zu
viel Raum für sich ein. In den darauffolgenden Kapiteln gebe ich dir einen Einblick in diese hinderlichen
Gedankenstrukturen und nicht nur das, ich zeige dir,
wie du diese Strukturen durchbrechen und verändern
kannst. Denn auch wenn diese drei Punkte in der
Theorie sehr einfach klingen, die Umsetzung bedarf
enorm viel Einsatzbereitschaft und Überzeugung. Ich
bin selber noch dabei zu lernen, wie ich sie in mein
Leben integriere. Aber eins steht fest – das Träumen
wieder aufzunehmen ist der erste Schritt in die richtige
Richtung.

Meine jetzigen Überzeugungen

Überzeugung 1: Liebe ist nicht für alle da

Dieses Kapitel zu beginnen habe ich mir etwas einfacher vorgestellt.

Ich sitze in einem kleinen Café, lasse mir die warme Märzsonne auf den Rücken scheinen, genieße dabei meinen schwarzen Tee mit einem Schuss Milch und lausche den leisen Gitarrenklängen eines Straßenmusikers. Ich fühle mich beinahe wie Hank Moody, mutig, bereit für jeden Skandal und vor allem – extrem unproduktiv.

Mir gehen unentwegt Fragen durch den Kopf wie *„Was ist eigentlich Liebe?“, „Wo beginnt sie, wo hört sie auf?“* und *„Ist jeder dazu fähig zu lieben, auch wenn er als Kind keine Liebe erfahren durfte und nie gelernt hat, wie das geht?“.* Ziemlich schwere Kost für den Anfang. Doch bevor die Leute um mich herum beginnen sich zu wundern, warum die junge Frau vor einem Laptop sitzt, ohne ihn zu benutzen, fange ich lieber an zu tippen.

Um mich nicht noch weiter in philosophischen Fragen wie den eben genannten zu verlieren, konzentriere ich mich zunächst auf meine Überzeugungen zum Thema partnerschaftliche Liebe.

Lange Zeit dachte ich, es würde so etwas wie die

wahre Liebe zwischen zwei Menschen nicht wirklich oder nur in den seltensten Ausnahmefällen geben. Dass sich zwei Personen treffen, zur selben Zeit ineinander verlieben, gegenseitig ihre Gefühle eingestehen und eine glückliche, harmonische Partnerschaft eingehen, hielt ich für reinen Zufall. Ein Glückstreffer sozusagen, einem Sechser im Lotto gleich. Selbst heute bin ich noch größtenteils hiervon überzeugt. Ich muss mich nur in meinem Freundes- und Bekanntenkreis umschauen und finde dies überall bestätigt. Eines der Paare, das ich kenne, ist seit Studienzeiten zusammen und hat bereits vieles gemeinsam erlebt. Von den Qualen einer frustrierenden wissenschaftlichen Abschlussarbeit über den Umzug von Norddeutschland in den Süden bis hin zu etlichen Kilometern Nebeneinander-her-Radelns auf dem Trekking-Fahrrad über unwegsamstes Gelände. Erlebnisse, die einen zusammenschweißen und für das Künftige stärken. Doch in Punkto Zukunftsvision könnten ihre Vorstellungen nicht weiter auseinander liegen. Sie möchte eine kleine Familie gründen und er kann mit Kindern wenig anfangen. Sie ist verträumt und warmherzig und er ein kalkulierender Rationalist. Ich spüre ihren Groll aufeinander, wenn wir zusammen sind, die Kühle und Distanz zwischen ihnen. Und doch siegen bei beiden die Unlust und die Angst davor, sich auf etwas Neues einzulassen. Natürlich kann die Beziehung anfangs harmonisch abgelaufen sein. Doch ist man nicht kompromissbereiter, wenn man einander liebt? Die Bedürfnisse des anderen zu ignorieren und ihn gleichzeitig zu lieben, das passt für mich nicht zusammen.

Ein anderes Paar, mit dem ich gut befreundet bin, lernte sich über das Internet kennen. Während sie im Auslandssemester feststeckte, an einem Ort, der ihr missfiel, mit Menschen, die schlimmer nicht hätten sein können, suchte sie Zuflucht in seinen liebevollen und aufmunternden Worten. Die anfängliche Aufregung, die die ersten Treffen mit einer ansonsten fremden Person zwangsläufig begleitet, wich schnell den zunächst noch humorvollen Bemerkungen ihrerseits über die Unordnung dieses Herren. Ein Glas gehört schließlich auf einen Untersetzer und nicht daneben, oder? Viele Jahre, eine Hochzeit und zwei Kinder später ist sein immer noch vorhandener Hang zur Unordnung das kleinste Streitthema bei den beiden. Regelmäßige Beschuldigungen, völliges Unverständnis füreinander und das gleichzeitige Verschweigen der eigentlichen Probleme stehen stets an der Tagesordnung. Hätte sie sich doch damals etwas mehr Zeit gegeben für die Partnersuche, hätte sie das Ticken ihrer inneren Uhr ein stückweit ignoriert oder zumindest auf die kleinen Alarmglöckchen hier und dort gehört, so wären sie beide heute womöglich glücklicher.

Ich kann die Liste endlos weiterführen.

Natürlich verändern sich Beziehungen mit der Zeit. Mal zum Positiven, mal zum Negativen. Und natürlich sehe ich die Dinge durch meine eigene Brille. Eine ziemlich unromantische Brille zugegebenermaßen. Doch eine realistische, wie ich finde. Ich spüre, ob jemand füreinander gemacht ist oder nicht. Und in den seltensten Fällen ist es tatsächlich der Fall.

Menschen belügen sich, betrügen sich, sind respektlos und gemein zueinander und halten es trotz alledem miteinander aus. Jede noch so toll gestartete Beziehung kommt irgendwann an den Punkt, wo mindestens einer nicht mehr weiter möchte. Vielleicht liegt das in der Natur des Menschen? Vielleicht sind wir einfach nicht für ein Zusammenleben bis ans Lebensende gemacht und zwängen uns durch den gesellschaftlichen Druck trotzdem in diese Rolle. Allein zu sein ist für die meisten schließlich noch viel schlimmer als Zeit mit einer Person zu verbringen, die man nicht liebt. Dabei ist Zeit unser kostbarstes Gut und unser Leben viel zu kurz, um sie mit den falschen Menschen zu vergeuden.

Diese unromantische Vorstellung von der Liebe kommt natürlich nicht von ungefähr. Mein Elternhaus spielt – wie soll es auch anders sein – eine große Rolle. Ich erinnere mich an eine Situation, und zwar so gut, als wäre es gestern gewesen. Dabei war ich kaum älter als fünf Jahre alt. Meine Eltern befanden sich beide daheim und gingen ihren Erledigungen nach. Aus einer Laune heraus ging ich zu meiner Mutter und fragte sie eine ganz simple Frage: „Liebst du Papa?" und sie antwortete pflichtbewusst mit „Ja". Zwar mit einem verlegenen Lächeln dabei, aber nun gut. Daraufhin ging ich zu meinem Vater und fragte ihn dasselbe, wobei er dasselbe antwortete, während sein Blick weiterhin am Fernseher hing. Ich wusste damals schon, dass es nicht der Wahrheit entsprechen konnte. Ich spürte, wie sie mir auswichen, und erinnere mich heute noch an die Enttäuschung, die sich in mir breit machte. *Wie können sie sich denn lieben, wenn sie sich nur anschreien?*

Bis heute ist die Distanz zwischen ihnen in jedem Wort, in jeder Handlung spürbar.

Wenn überhaupt Worte und Handlungen stattfinden. Es gab ein einziges Foto, auf dem sie sich küssen. Und selbst dieses war irgendwann wie vom Erdboden verschluckt. Sich liebende Eltern, die einem vorleben, wie man als Paar miteinander umgeht – was ist das?

Wo es für manch einen normal ist, mit seinen Eltern über das Verliebtsein zu sprechen, wurde diesem Thema bei uns in großen Bögen ausgewichen. Das Thema war einfach nicht existent. Dabei war ich als Grundschulkind und später als Jugendliche durchaus einige Male verliebt. Allerdings immer nur heimlich. Ich erinnere mich an Momente, in denen ich meiner Mutter am liebsten alles erzählt hätte, damit sie meine Freude teilte. Aber mit einem unsichtbaren Stoppschild hielt ich mich immer davon ab. Hin und wieder habe ich mich getraut mich einer Freundin anzuvertrauen. Aber sicherer habe ich mich damit gefühlt, die Person, in die ich verliebt war, aus der Ferne anzuschmachten, ganz für mich allein. Das Unerreichbare hatte schließlich seinen Reiz. Wundert mich heute kaum. Ein emotional schwer zugänglicher Vater war nun einmal mein Maßstab und prägend für meine Vorstellung eines idealen Mannes.

Das Unerreichbare zu idealisieren löste in mir ein Gefühl von ewiger Sehnsucht nach etwas Schönem aus. Ein bittersüßes, melancholisches Gefühl, was der Liebe in meiner Vorstellung ein Stückchen gleichkommt. Warum also nicht damit zufrieden sein? Das

Leiden ist ja schließlich auch ein Teil der Leidenschaft. Und wer weiß, vielleicht habe ich mich auch genau deshalb in die Personen verliebt, bei denen ich vermeintlich keine Chance hatte.

Unglücklicherweise habe ich diese Einstellung bis ins Erwachsenenalter mitgenommen und nicht mehr geändert. Über die Jahre habe ich gelernt, dass ich nie das bekommen werde, was ich wollte. Dass sich eine Person, nein, die Person, die ich anschmachtete, ohnehin nie für mich interessieren würde. Und so war das Verliebtsein für mich stets mit Frust verbunden, bis ich irgendwann einfach aufhörte mich zu verlieben und mich mit „weniger" zufriedengab. Ich blieb entweder einfach single oder konzentrierte mich auf andere Eigenschaften, die mein Partner mitbringen sollte.

Eine weitere Situation aus meiner frühen Kindheit hat es bis ins Hier und Jetzt geschafft.
Zur normalen Entwicklung eines Kindes gehört es dazu, sich und seinen Körper Stück für Stück kennenzulernen und Regionen zu entdecken, die durch Berührung ein kitzeliges Gefühl verursachen. In so jungen Jahren wissen Kinder noch nichts über Sex. Sie üben lediglich Bewegungen aus, die sich gut anfühlen, und so tat ich das auch. Alles wäre gut gewesen, wenn meine Mutter mich nicht dabei ertappt und ausgeschimpft hätte. Anstatt meine Privatsphäre zu respektieren, reagierte sie mit Entsetzen und schrie mich an sofort damit aufzuhören. Natürlich tat ich das nur für den Moment. Aber ab diesem Zeitpunkt

wurde das *sich selbst Erkunden* jedes Mal durch ein fieses Gefühl von Scham und Ekel begleitet. Lange Zeit empfand ich Reue und ein schlechtes Gewissen nach jedem Orgasmus. Mir war es schließlich nicht erlaubt, mich auf diese Weise gut zu fühlen.

Heute kann ich das Gefühl gut ignorieren, da ich weiß, wo es herkommt, und dass es komplett fehl am Platz ist. Doch für den Bruchteil einer Sekunde erscheint es trotzdem hin und wieder. Ganz weit weg, im Hinter-stübchen zwar, aber es ist da.

Ich nehme es meinen Eltern nicht übel. Wie könnte ich auch? Sie waren schlichtweg überfordert mit sol-cherlei Situationen. Womöglich hatte meine Mutter bloß Angst, aus ihrer Tochter könnte ein verdorbenes Luder werden. Nicht, dass das schlimm gewesen wäre, aber ich kenne ihre Erfahrung und ihre Sexualerzie-hung nicht. Daher hege ich keinen Groll.

Und dann gibt es noch einige Ereignisse, die ich als junges Mädchen erfuhr und die dem Ganzen die Kro-ne aufsetzen. Ich denke da an den Nachbarsjungen, der mich, aus reiner Feindseligkeit, auf den Boden schubste und meinen Rock hochschob. Wäre meine Mutter in diesem Moment nicht an der Türschwelle unseres Hauses erschienen, wäre gewiss Schlimmeres passiert. Zumindest so schlimm, wie die Gedanken eines achtjährigen Jungen sein können, der ein jünge-res Mädchen schikaniert. Ich denke an den Vater einer damaligen Freundin, der mir bei jeder Gelegenheit mitteilte, wie schön ich sei, und mich sogar einmal bat seinen nackten und trainierten Bauch anzufassen, als er sich ungestört fühlte. Trotz meines zarten Grundschulalters fand ich den Mut, „Nein" zu sagen und der Situation schnellstmöglich zu entfliehen. Kurz darauf zerbrach auch die Freundschaft und ließ mich dieses Erlebnis lang vergessen.

Und ich denke an den alten, verrückten, russisch sprechenden Mann, der in unserer Nähe zu wohnen schien und meine Mutter öfter in ein Gespräch verwickelte. In einem dieser Gespräche erdreistete er sich sogar sie um Erlaubnis zu bitten, mich zu heiraten. Die dreißig Jahre Altersunterschied schienen ihm nichts auszumachen.

Es wundert mich heute kaum, dass Ereignisse wie diese mich und meine Einstellung in Punkto Liebe und Männer mehr verunsichert als bestärkt haben.

***

Das primäre Gefühl, das ich heute beim Gedanken an die Liebe empfinde, ist daher die Unsicherheit. Unsicherheit darüber, ob ich es verdient habe, mich zu verlieben und geliebt zu werden. Unsicherheit darüber, ob das Leben überhaupt genug Optionen und Gelegenheiten bereitstellt, sich in die richtige Person zu verlieben und umgekehrt. Und Unsicherheit darüber, solch einer Person überhaupt gerecht zu werden. Gefolgt von dem Bedürfnis, diese Unsicherheit möglichst durch Coolness zu kaschieren. Es ist kein Gefühl, welches meine bisherige oder jetzige Partnerschaft großartig beeinflusst. Es ist vielmehr einfach nur hintergründig da. Wie ein Fundament, auf dem ich stehe und das hier und dort mal durchscheint. Doch welches Resonanzfeld erzeuge ich dank dieses Gefühls der Unzulänglichkeit, das ich sowohl nach innen als auch und außen hin ausstrahle? Nach innen fühle ich mich durch jedes Beispiel von unerfüllter Liebe oder durch jede Beobachtung einer schlecht laufenden Beziehung gestärkt in meiner eigenen Einstellung und Überzeugung. Das macht es schwer, mich aus eben dieser Auffassung zu befreien, meine unromantische Brille abzulegen.

Das Aussenden dieser Gefühle nach außen bringt jedoch die schwerwiegenderen Auswirkungen mit sich. Welche Menschen und Situationen ziehe ich dadurch in mein Leben? Richtig – Menschen, die mit meinen ausgesendeten Schwingungen in Resonanz gehen. Psychisch instabile Menschen also, die ebenfalls versuchen ihre Unsicherheit zu verstecken. Menschen, die sich ebenso im Unklaren darüber sind, was sie wirklich wollen. Oder aber Menschen, die mich mit ihrer dominanten Art zu lieben an sich ziehen. Die meine Unsicherheit als Einladung dafür nehmen, ihre vermeintliche Überlegenheit auszuleben, mich als Abfalleimer für ihre Unzufriedenheit über ihre eigenen Selbstzweifel zu benutzen.

Du merkst also – die Schwingungen, die du ausstrahlst, können zwar in dieselbe Richtung gehen, sich dabei aber ganz unterschiedlich auswirken. Je nachdem, wie dein Gegenüber sie auffasst und für sich nutzt.

Unser aufgebautes Resonanzfeld sucht sich stets die Personen aus, die unserer Persönlichkeit am nächsten kommen. Ist der Charakter aufgrund der

Einstellungen, Meinungen und Überzeugungen auf Unsicherheit ausgerichtet, so gelangen vermehrt Menschen in unser Umfeld, die durch ihr bewusstes und unbewusstes Verhalten auf genau diesen Mangel hinweisen. Immer und immer wieder.

Wenn dies tatsächlich so ist, dann liegt die Lösung für mein Problem direkt vor mir. Wir haben gelernt, dass wir zu jeder Zeit die Fähigkeit besitzen, unsere Gedanken, unsere Überzeugungen und damit auch unsere Persönlichkeit oder gar unser Leben zu verändern. Möchte ich ab sofort nur noch Sicherheit, Harmonie und Freude spüren und anziehen, so muss ich zuallererst an mir selbst arbeiten. Die drei Schritte der Anziehsache sollen dabei helfen.

Grundvoraussetzung für den ersten Schritt ist es herauszufinden, was ich mir wünsche, um mich daraufhin auf dieses Ziel zu fokussieren. Zugegeben, an dieser Stelle muss ich mein Gehirnschmalz noch einmal herausfordern. Was wünsche ich mir? Mit welchen Menschen möchte ich mich umgeben? Welches Gefühl möchte ich empfinden? Welches Bild möchte ich visualisieren? Wen oder was möchte ich in mein Leben ziehen? Fragen, die nicht mal eben in zwei Minuten beantwortet sind.

Ich habe mir nie großartig Gedanken darüber gemacht, wie die Person sein soll, die ihr Leben mit mir teilt. Ich habe natürlich immer von einer attraktiven Person an meiner Seite geträumt, einer netten Person, die mich liebt, aber das war's auch schon.

Um diese Frage zu beantworten, ist es unabdingbar,

zunächst festzulegen, wer oder wie ich selbst sein möchte. Das Folgende trifft sowohl auf mich als auch auf Lebenspartner und alle Arten von Freund- und Bekanntschaften zu.

Mein Wunsch ist es, dass meine Entscheidungen nicht weiter von Unsicherheit begleitet werden. Ich möchte jedes Bedürfnis mit der nötigen Portion Sicherheit befriedigen. Demzufolge wünsche ich mir Menschen an meiner Seite, die diese Sicherheit bekräftigen und nicht sabotieren. Respektlosigkeiten, mangelndes Einfühlungsvermögen und Aggressivität bekommen in meinem Leben keinen Platz. Die Menschen, die mich umgeben, sollen eine glückliche und entspannte Einstellung zum Leben haben, auch ohne mich vollkommen und komplett sein, meinen Sinn für Humor teilen und einen gesunden Lebensstil pflegen.

Ich möchte Freude, Ausgeglichenheit, Dankbarkeit, Verbundenheit, Vertrauen und Liebe fühlen. Diejenigen Personen, die diese Gefühle mit mir teilen, sind mir deshalb willkommen. Alle anderen Menschen werden über die Zeit ihre eigenen Wege gehen und aus meinem Leben verschwinden.

Die Umsetzung des zweiten Schrittes ist noch ein Stückchen kniffliger. Er besteht darin, die zukünftige Version von mir jetzt schon zu verkörpern und das gewünschte Leben jetzt schon zu leben.
Hierfür ist es erst einmal notwendig, meine bestehenden fehlerhaften **Überzeugungen** aufzulösen. Denn solange diese da sind, wird es mir immer wieder schwer

fallen, nicht in diese Denkmuster zurückzufallen. Jede gescheiterte Beziehung, jedes weitere Beispiel aus dem Bekanntenkreis wird sich in mein Hirn bohren und von einem: *„Hach, hab ich doch gesagt"* begleitet sein.

Die einzige Möglichkeit, diese negativen Glaubenssätze aufzulösen, besteht darin, diese in positive umzuwandeln und im Unterbewusstsein zu verankern. Am besten klappt dies mit sogenannten Affirmationen. Die neuen, guten Glaubenssätze werden dabei in Gedanken möglichst oft wiederholt, bis sie sich nach und nach wahr anfühlen. Unser Verstand begreift dann allmählich, dass es eine Alternative zu dem gibt, was wir bisher als wahr angenommen haben. Und genau das setze ich jetzt um:

Überzeugung alt: Ich fühle mich unsicher, meine Bedürfnisse klar zu benennen und einzufordern.
Überzeugung neu: Meine Bedürfnisse stehen an erster Stelle.

Überzeugung alt: Liebe findet immer einseitig statt. Beziehungen haben daher meistens ein unsichtbares Verfallsdatum, was sehr frustrierend ist.
Überzeugung neu: Liebe zwischen zwei Menschen existiert und ich habe das Recht darauf, diese empfinden zu dürfen.

Überzeugung alt: Sex ist schlecht. Ein gutes Gefühl dabei zu empfinden ist verboten und gehört bestraft.
Überzeugung neu: Sex bereitet mir bedingungslose und uneingeschränkte Lust und Freude ohne schlechtes Gewissen.

Überzeugung alt: Wenn mir jemand sagt oder zeigt, dass ich nicht in Ordnung bin, dann wird das wohl stimmen.
Überzeugung neu: Ich bin liebenswert, wertvoll und schön.

Der dritte und letzte Schritt besteht darin, meine Komfortzone zu verlassen und Dinge zu unternehmen, die mich meinem Wunschergebnis näher bringen.

Auch wenn ich keine neue Partnerschaft suche, so möchte ich doch von Menschen umgeben sein, die meine neuen Überzeugungen teilen, die mir in gewisser Weise guttun, meine Bedürfnisse respektieren und sich womöglich sogar durch diese positive Grundhaltung mitziehen lassen.

Ich möchte Liebe fühlen, also begegne ich meinen Mitmenschen liebevoll. Ich akzeptiere jede Meinung anderer und verurteile niemanden vorschnell für Dinge, die ich sowieso nicht durchblicke. Jemand biegt an der Kreuzung zu langsam ab? Egal, vielleicht fährt diese Person gerade das erste Mal mit dem Auto. Jemand braucht zu lang, um an der Kasse sein Kleingeld zusammen zu kramen? Egal, vielleicht hat diese Person ihre Brille vergessen. Jemand grüßt nicht zurück? Egal, vielleicht wurde mein *Hallo* nicht gehört, weil der Akku des Hörgerätes alle ist oder die Person mit ihren Gedanken schlicht und einfach woanders ist.

Ich möchte Dankbarkeit fühlen, also bin ich dankbar für alles. Ich möchte Vertrauen fühlen, also vertraue ich. Ich möchte Verbundenheit fühlen, also schenke ich selbst Verbundenheit. Ich möchte ein Lächeln zurückbekommen, also lächele ich.

Liebe ist für alle da. Und – ganz wichtig – Liebe kann niemals aufgebraucht werden. Es gibt keinen Topf, der leerer wird, sobald etwas herausgenommen wird.

Überzeugung 2:

Geld ist nicht für alle da

Wenn es so etwas wie ein früheres Leben gibt, dann war ich damals eine kleine schüchterne Magd aus bescheidenem, aber dennoch behütetem Hause. Ich sehe mich förmlich durch die Straßen der steinigen Burg stapfen, die geschnürten Lederstiefel voller Matsch und die Hände schmutzig vom Schaffen. Einzelne Strähnen fallen mir aus meinem geflochtenen Haarkranz unter der Haube ins Gesicht und wehen bei jedem Schritt sanft hin und her. Meine Kleider sind selbst geschneidert. Wenn ich Glück habe, kann ich hier und da die Reste feiner Leinen- oder Wollstoffe ergattern und zu wunderschönen Gewändern verarbeiten. Meine Mutter ist Schneiderin und zeitgleich meine beste Lehrerin auf diesem Gebiet. Am liebsten plaudere ich mit meinen Freundinnen über alles und jeden, wir lachen, tanzen und schwärmen von den stattlichen Rittern und Burgherren. Wahrscheinlich bin ich sogar heimlich in einen von diesen verliebt. Du kennst mich mittlerweile.

So aufregend diese Vorstellung auch sein mag - mir käme nie in den Sinn, mich in meinem früheren Leben als Hochadelige oder gar als Königin zu sehen. Ich kann mir kein Bild davon machen, große Geldvermögen oder Haus- und Grundbesitz besessen zu haben. Ich fühle mich offenbar wohl in der Rolle der unscheinbaren Magd.

In meiner Familie wurde und wird auch bis heute nicht großartig über das Thema Geld gesprochen. Es gab auch nie sonderlich viel davon. In völliger Armut lebten wir zwar schon damals nicht. Für große Luxusausgaben wie Urlaube oder teure Einrichtung und Kleidung reichte es dennoch bei weitem nicht aus.

Gut bezahlte Berufe wie Ärzte, Anwälte oder Manager in Topunternehmen finden sich in meiner Verwandtschaft eher weniger. Zumindest in den vorherigen Generationen.

Meine Eltern und Großeltern waren als Arbeiter in landwirtschaftlichen Großbetrieben der Sowjetunion tätig, fuhren als LKW-Fahrer durch Sibirien oder lehrten an den örtlichen Schulen. Primär jedoch waren sie als Bauern für Haus und Hof verantwortlich. Nach Feierabend gehörte das Vieh schließlich gefüttert und der Acker bearbeitet.

So kam es, dass ich meine ersten Lebensjahre auf ebenso einem Bauernhof in Russland aufwuchs. Mit großem Stall, vielen Tieren und einem weitläufigen Kartoffelacker. Ich verbrachte dort eine wunderschöne Kindheit, an die ich mich als einziges von uns drei Geschwistern sehr lebhaft erinnere. Mein Bruder war damals noch sehr klein und meine Schwester noch nicht auf der Welt.

Ich erinnere mich gern an die riesigen Schweine, mit denen ich leider nie spielen durfte. An die kleinen Äpfelchen, die am Rande des Kartoffelackers wuchsen. Ich weiß bis heute nicht, ob es tatsächlich Äpfel waren. Sie waren so klein wie Heidelbeeren, gediehen auf einem Baum und waren, wenn man Glück hatte, weich und süß oder eben knackig und säuerlich.

Ich erinnere mich, wie meine Mutter und ich heimlich Himbeeren pflückten und uns dafür in die umzäunte Obstplantage schlichen. Ganz ruhig sollte ich sein, da sonst die „Soldaten" kämen, die über das Gelände wachten. Ich versteckte mich gern im stacheligen Gebüsch, wo ich den mühselig gefüllten Topf stückchenweise wieder leer aß.

Ich erinnere mich, wie ich mir aus jeder alten, verfallenen Holzhütte ein Traumhaus zauberte. Ich steckte abgebrochene Glasscherben in Löcher und baute mir Fenster. Ich brachte meine Puppen dorthin für ein wenig Gesellschaft und buk feinen Sandkuchen für meine Gäste.

Ich erinnere mich auch daran, wie meine Eltern sich allmählich auf die Ausreise nach Deutschland vorbereiteten. Immer häufiger kamen Verwandte, die bereits dort lebten, mit allerlei Süßigkeiten zu Besuch. Der Geschmack dieser Leckereien war unbeschreiblich. *Tutti Frutti*, sagte meine Mutter, während ich fasziniert das Kaubonbon zerbiss. Süßigkeiten gab es sonst nur zu besonderen Anlässen wie Weihnachten und Neujahr, wenn wir uns in der Gemeindehalle versammelten und den großen Weihnachtsbaum in unseren aufwendig genähten Verkleidungen bestaunten.

Ich erinnere mich an das Schluchzen meiner Mutter, als unsere Kühe geschlachtet wurden, genauso gut wie an die Abschiedsparty in unserem Vorgarten. An das stundenlange Warten im Flughafen, das wir uns mit Pfirsich-Softeis erträglich machten, und natürlich an den Flug. Schon damals plagte mich die Gewissheit, dass wir nie wieder kommen würden, ich diesen tollen Ort für immer verlassen musste. Den Ort, an dem ich die heißesten Sommer und die kältesten Winter erlebte. Den Hof, den ich wie meine eigene Westentasche kannte. Das Haus, von dessen Dach ich springen und weich im Schnee landen konnte. Die Gewissheit, mein Zuhause zu verlassen und meine geliebten Großeltern nie wieder zu sehen, machte mich sehr traurig.

Es war ein schrecklicher Flug. Wir hatten schließlich keine Vorstellung davon, was uns am Ankunftsort erwarten würde. Mein Bruder und ich weinten uns die Seele aus dem Leib. Und dass meine Mutter schwanger war, erschwerte die Situation noch mal ungemein. In dem Augenblick, als ich dann dieses kühle, graue Fleckchen Erde betrat, starb ein kleines Stückchen meines Selbst. Aus dem aufgeweckten, unbeschwerten und frechen kleinen Mädchen wurde ein stilles, schüchternes und unsicheres Kind.

Die Jahre danach verbrachten wir zunächst in einem Erstaufnahmelager für Spätaussiedler nördlich von Berlin, anschließend wohnten wir bei meinen Großeltern väterlicherseits, die hier bereits eine bescheidene Wohnung bewohnten, bis wir schließlich eine eigene Bleibe fanden. Eine mittelgroße Wohnung im Delmenhorster Plattenbau.

Uns mangelte es an nichts. Wenn meine Mutter erwähnte, sie würde zum *krasnij krest*[1] gehen, wusste ich,

1   Deutsches Rotes Kreuz (speziell die Altkleidersammlung)

sie würde mit allerhand Kleidung und Spielzeugen nach Hause kommen, und freute mich darüber. Taschengeld gab es für uns Kinder nie. Wir bekamen, was wir wollten, mussten vorab jedoch immer danach fragen. Irgendwie schaffte ich es als Teenager trotzdem, ein kleines Taschengeld von zwanzig Euro auszuhandeln. Als meine Eltern eines Tages vermuteten, ich würde es für Drogen ausgeben, wurde es mir letzten Endes allerdings wieder gestrichen.

Das erste eigene Geld verdiente ich nach dem Abitur. Ich arbeitete in einem Café und als Verkäuferin in einem bekannten Bekleidungsgeschäft. Als dies durch das BAföG, welches ich während des Studiums erhielt, abgelöst wurde, fühlte ich mich das erste Mal finanziell unabhängig. Ich kaufte mir einen Laptop und damit freien Zugang zum Internet. Ich kaufte mir Klamotten und damit ein Stückchen Selbstbewusstsein. Ich kaufte mir alles, wonach mir war, und fühlte mich wirklich gut.

Nur dass ich dieses BAföG heute noch abbezahle, stimmt mich etwas missmutig.

Mein heutiges Verständnis von finanzieller Unabhängigkeit gleicht dem damaligen in keinster Weise. Finanzielle Unabhängigkeit bedeutet für mich die Möglichkeit, meinen Lebensunterhalt zu bestreiten, ohne dabei auf Gehalt angewiesen zu sein. Etwas aus eigener Hand zu erschaffen, etwas, was einen erfüllt, und dafür bezahlt zu werden, das ist für mich pure Unabhängigkeit. Dieses Geld eigenständig zu vermehren, seine Altersversorgung in sicheren Händen zu haben, nicht angewiesen zu sein auf staatliche

Hilfen wie Eltern- oder Arbeitslosengeld, das ist für mich pure Freiheit.

Sich dann auch noch mit den schönsten und köstlichsten Dingen zu umgeben, das ist für mich schieres Glück. Ich würde nicht dreimal überlegen, ob ich die Lammkoteletts in meinen Einkaufskorb schmeiße. Oder mir die teuren Liquitex Acrylfarben für mein Bild gönne. Geld ist was Feines.

Warum hat Geld dann aber ein so schlechtes Image? Einerseits wissen wir um die schönen Seiten des Geldes, dass es uns zu alledem verhilft, was wir uns wünschen. Mit Geld können wir Entfernungen überbrücken, Krankheiten besser behandeln, anderen Menschen helfen. Und doch halten sich Sätze wie „Geld verdirbt den Charakter", „Geld allein macht nicht glücklich" und „über Geld spricht man nicht" – als sei es der Teufel höchstpersönlich – hartnäckig in unseren Köpfen. Hierzu fällt mir noch eine Situation ein.

Kürzlich schrieb ich mit einer Freundin und gleichzeitig Arbeitskollegin über unseren derzeitigen Job. Dass dieser uns beide nicht erfülle, dass es doch besser gehen müsse. „*Wäre ich doch bloß reich*", schrieb ich. Doch anstatt mir beizupflichten, erwiderte sie dies mit einem Foto ihres Babys und dem Text „*Nee, ich würde viel lieber die Zeit anhalten*". Ich dachte im Nachhinein noch lang darüber nach. Wieso möchte sie etwas Greifbares gegen etwas völlig Unmögliches eintauschen? Als wäre das Verlangen nach Reichtum etwas Schlechtes. Oder bin ich dafür zu viel Realistin? Ich würde manche Situationen auch gern einfrieren oder ein unendlich langes Leben mit meinen Lieben genießen. Jedoch wird das nie passieren. Es sei denn, jemand erfindet ein Transportmittel, das uns ermöglicht hier und da ein paar Sekunden anzuhalten, indem es uns mit Lichtgeschwindigkeit durch das Universum katapultiert.

Wallace D. Wattles schrieb in seinem Buch „*Die Wissenschaft des Reich-Werdens*" Folgendes: „Es gibt nichts Falsches beim Wunsch, reich zu werden. Der Wunsch nach Reichtum ist wirklich der Wunsch nach einem reicheren, volleren Leben in Hülle und Fülle; und dieser Wunsch ist angemessen und löblich. Der Mensch, der nicht wünscht mehr in der Fülle zu leben ist unnormal, und so ist auch der Mensch unnormal, der nicht wünscht genug Geld zu haben, um alles kaufen zu können, was er will."[2]

Das mag vielleicht etwas überspitzt klingen. Doch an der zugrunde liegenden Aussage ist viel Wahres dran. Möchtest du zu deiner größtmöglichen Entwicklung aufsteigen, sprich deinen Geist, deine Seele und deinen Körper maximal fördern, so musst du in den allermeisten Fällen Gebrauch von Dingen machen. Und um an diese Dinge heranzukommen, benötigst du nun mal Geld.

Oder hast du schon mal ohne Klavier Klavierspielen gelernt? Ob du persönlich nun wirklich das Bestmögliche und Größtmögliche erreichen möchtest, sei dahingestellt. Ein wirklich vollendetes und

2   Wallace D. Wattles: Die Wissenschaft des Reich-Werdens. 1910. S. 4.

erfolgreiches Leben wirst du aber nur führen, wenn du reich genug bist.

Energetisch betrachtet ist Geld so lang wertneutral, bis du es mit einer bestimmten Information oder Emotion auflädst. Du allein entscheidest, ob Geld dein Freund oder ein böses Schreckgespenst ist. Doch woher kommt unsere Einstellung?

Im Grunde sind es wieder einmal unsere Eltern, die uns bereits in jungen Jahren eine bestimmte Haltung zu Geld vermitteln. Ihre eigenen Erfahrungen tragen dazu bei, wie sie zu Geld stehen.
Und da wir als Kinder über keinerlei Erfahrung auf dem Gebiet verfügen, bleibt uns nichts anderes übrig, als diese Überzeugungen als unsere eigenen anzusehen. Zumindest bis heute – denn wie schrecklich wäre es, wenn wir diese Überzeugungen nie ablegen könnten?

**

Die primären Gefühle, die ich Geld gegenüber empfinde, sind Sorge und Angst. Je leerer mein Bankkonto und je geringer meine Rücklagen sind, desto präsenter sind diese Gefühle. Es geht nicht so weit, dass ich im Alltag vor Angst erschaudere oder vor Sorge weine. Jedoch nehme ich diese Emotionen hintergründig wahr. Ich habe Angst davor, mit nichts dazustehen und von anderen abhängig zu sein. Angst davor, dass der Geldhahn jederzeit aufhören könnte zu fließen.
Das hat zur Folge, dass ich es am liebsten vermeide,

große Investitionen zu tätigen. So gern ich auch all die wunderschönen Sachen kaufe, so schnell kommt auch das schlechte Gewissen und legt sich wie eine bleierne Decke über mein Gemüt. Das Bezahlen unliebsamer Rechnungen und der Blick auf ein leeres Konto bereiten mir puren Stress.

Prinzipiell habe ich nie gelernt mit Geld umzugehen. Meine Eltern haben mir vorgelebt, dass Geld etwas ist, was man horten muss. Die gekauften Sachen sollten möglichst billig sein, völlig egal, wie kurzlebig sie dadurch sind oder wie hässlich sie aussehen. Hauptsache, sie erfüllen für diesen Moment ihren Zweck. Es ist daher nur logisch, dass mein Unterbewusstsein eher auf Armut, Mangel und Verzicht anstatt auf Fülle, Freiheit und Sorglosigkeit getrimmt ist.
Welches Energiefeld ich dadurch nach innen und nach außen sende, dürfte klar sein. Fest steht, dass ich auf diese Weise nie zu der Art Reichtum gelangen werde, die ich mir wünsche. Ich laufe gedanklich eher vor Geld davon, als es auf irgendeine Weise anzuziehen.

Ich wünsche mir die Unabhängigkeit, die Freiheit und das Glück, das ich ein paar Zeilen zuvor erwähnte. Doch das allein reicht noch nicht aus, damit die Anziehsache funktioniert.
Um Reichtum und Wohlstand anzuziehen, muss ich spüren, wie sich Reichtum und Wohlstand anfühlen. Wie sehe ich als reiche Person aus? Wie verhalte ich mich? Welche Werte sind mir wichtig? Ein genaues Bild muss her.
Wäre ich unfassbar reich, würde ich meinen jetzigen

Job kündigen. Ich würde nie wieder eine Aufgabe übernehmen, die mich nicht erfüllt und mich meinem Ziel nicht näher bringt. Ich würde nie wieder Stress und unangenehmen Zeitdruck bezüglich eines Abgabetermins verspüren.

Alles, was ich tue, erschaffe ich selber und habe Spaß daran. Ich meine damit nicht, dass ich anfange mein Gemüse selbst anzubauen, oder meine Kleidung selbst zu schneidern. Obwohl mir selbst gezüchtete Tomaten wohl schmecken würden und mir ein selbst gestrickter Pullover gut stehen würde. Ich meine damit, mir aussuchen zu können, welche Aufgaben ich mir zutrage und welche Termine ich diesbezüglich wahrnehme.

Mein Körper wäre der Tempel, der er verdient hat zu sein. Ich würde ihn mit regelmäßigen ärztlichen Check-Ups, Wellness und frischen und hochwertigen Lebensmitteln verwöhnen. Meine freie Zeit würde ich für viel Bewegung nutzen, wie ich es im Moment nur selten schaffe. Auch meine Familie würde in den Genuss kommen, ihren Körper bestmöglich zu versorgen.

Ich würde ferne Länder bereisen, schöne Orte mit Menschen voller Freude und Gastfreundschaft. Ich würde, wann immer mir danach ist, eine Yacht chartern und die Buchten Sardiniens abfahren, Partys auf Ibiza feiern und Aperol in Italien trinken.

Alles, was ich kaufen würde, wäre nicht nur funktional, sondern auch schön anzusehen.

Nicht nur zu meinen Liebsten wäre ich großzügig. Ich würde Bedürftigen armer Länder dabei helfen, Schulen, Krankenhäuser und Auffangstationen für kranke

Wildtiere zu bauen. Mein Geld würde sich schließlich durch kluge Investitionen wie von allein vermehren und mir ununterbrochen zufließen. Es gäbe keine Knappheit. Es gäbe nur Fülle.

Zugegeben, ich bin ein wenig ins Träumen geraten. Aber genau das ist es, was uns anspornt. Ohne klares Ziel vor Augen würde ich weiter von Gehalt zu Gehalt leben und mich notgedrungen damit zufriedengeben. Um diese zukünftige Version bereits jetzt schon ein Stückweit zu leben, muss ich keine Yacht mieten. Jede Kleinigkeit, die ich aus meiner persönlichen Wunschliste umsetze, bringt mich meinem Traum näher. Kaufe ich mir eine teure Gesichtscreme, denke ich dabei an die schöne Haut, zu der sie verhilft. Kaufe ich mir eine große Portion Sushi, denke ich an die Wohltat, die ich meinem Körper damit bereite. In diesem bescheidenen Rahmen klappt es bei mir heute schon ganz gut. Ich verlasse somit meine Sphäre in ganz kleinem Stil, aber ich verlasse sie.

Nun schauen wir uns meine bisherigen Überzeugungen noch einmal etwas genauer an. Mein schlechtes Gefühl gegenüber Geld wird sich schließlich nie in ein gutes verwandeln, solange ich keine positiven Affirmationen daraus bilde.

Überzeugung alt: Ich werde niemals reich sein. Um reich zu sein, muss ich entweder reich geboren werden, eine brillante Entdeckung machen oder auf andere Art Glück haben.

Überzeugung neu: Ich kann so viel Geld besitzen, wie ich nur möchte. Hierzu bedarf es keiner harten Arbeit, die einem missfällt, oder zufälligem Glück. Ich habe jederzeit die Möglichkeit, reich zu werden. Dafür kann ich die Dinge machen, die mir gefallen.

Überzeugung alt: Geld zerrinnt mir nur so zwischen den Fingern. Kaum ist es da, ist es schon wieder weg.

Überzeugung neu: Geld ist im Überfluss vorhanden. Habe ich mal wenig Geld, wird wieder Neues hinzukommen.

Überzeugung alt: Geld bringt nur Leid. Menschen töten einander nur des Geldes wegen.

Überzeugung neu: Geld bewirkt viel Gutes und ermöglicht es, Menschen zu helfen.

Überzeugung alt: Mit viel Geld fühle ich mich unbehaglich gegenüber meinen Mitmenschen. Ich habe ein schlechtes Gewissen gegenüber denen, die wenig haben.

Überzeugung neu: Ich fühle mich wohl mit viel Geld. Andere profitieren von meiner Großzügigkeit. Ich schenke gern und mit Dankbarkeit.

Überzeugung alt: Durch meine Angst und Sorge um Geld stoße dieses von mir ab.

Überzeugung neu: Ich ziehe Geld an, denn ich habe es verdient, Geld zu empfangen.

Überzeugung alt: Nur rücksichtslose und harte Menschen kommen an viel Geld.
Überzeugung neu: Auch sanftmütigen und netten Menschen fließt das Geld zu.

Überzeugung alt: Ich bin arm.
Überzeugung neu: Ich bin reich.

Wallace D. Wattles war seinerzeit überzeugt davon, dass jeder reich werden konnte. Unabhängig davon, an welchem Ort die Person lebt, welchen Beruf sie ausübt und welche Talente und Fähigkeiten sie aufweist.

Er ging sogar so weit zu behaupten, es würde eine gewisse Wissenschaft des Reich-Werdens geben, wie auch der Titel seines im Jahre 1910 veröffentlichten Buches verrät. Es handele sich dabei gar um eine exakte Wissenschaft wie Algebra oder Arithmetik. Würden bestimmte Regeln und Prozesse befolgt, würde die Person mit mathematischer Sicherheit Reichtum erwerben. Das Einzige, was sie tun müsse, sei in einer *bestimmten Weise* zu handeln. Er schrieb „jene, die Dinge in dieser bestimmten Weise tun, ob mit Absicht oder durch Zufall, werden reich, während andere, die Dinge nicht in dieser bestimmten Weise tun, arm bleiben – egal, wie hart sie arbeiten oder wie fähig sie sind."[3]

Dies muss so sein, denn weshalb sind sonst manche Menschen einer bestimmten Nachbarschaft reich,

3   Wallace D. Wattles: Die Wissenschaft des Reich-Werdens. 1910. S. 6.

während andere in Armut leben? Wieso ist eine Person derselben Branche und mit denselben Tätigkeiten reich, während sein Kollege oder seine Kollegin nur wenig Vermögen aufweist? „Begabte Leute werden reich und Dummköpfe werden reich; intellektuell großartige Leute werden reich und sehr dumme Leute werden reich; körperlich starke Leute werden reich und schwache sowie kränkliche Leute werden reich."[4] Es liegt also daran, unterbewusst in dieser gewissen Weise zu handeln, die unabhängig von der Intelligenz einer Person ist. Das kann so schwer nicht sein, wenn selbst Dummköpfe es schaffen. Doch was ist diese legendäre bestimmte Weise, von der er spricht?

Eigentlich dürften wir nicht überrascht sein, dass das zugrunde liegende Gesetz für seine Aussagen das „Naturgesetz [ist], daß gleiche Ursachen immer gleiche Wirkungen erzeugen."[5] Denn Gleiches zieht bekanntlich auch Gleiches an, wie wir im Kapitel zwei dieses Buches gelernt haben.

Laut *Wattles* ist alles, was du auf der Erde siehst, aus einer gewissen ursprünglichen Substanz hervorgegangen. Das gesamte Universum ist aus dieser Ur-Substanz gemacht. Und da nicht alles gebraucht wurde, um dieses zu formen, befinden sich überall im Universum auch heute noch Unmengen dieses formlosen Stoffes. Es ist quasi voll von diesem Rohstoff. Ein intelligenter, denkender Stoff, der auf den Bedarf des Menschen

4   Wallace D. Wattles: Die Wissenschaft des Reich-Werdens. 1910. S. 7.
5   Wallace D. Wattles: Die Wissenschaft des Reich-Werdens. 1910. S. 6.

reagiert und auf diejenigen Befehle derjenigen Personen eingeht, die in der bestimmten Weise denken.

Wenn dir das zu verrückt klingt, dann denke noch einmal kurz an die Regeln der Quantenmechanik zurück. An das Verhalten unserer Materie, die gleichzeitig auch Energie ist. Ein Elektron, das gerade noch eine für uns unsichtbare Welle war, ist plötzlich ein sichtbares Teilchen? Dass uns nur ein Bruchteil des Universums bekannt ist, wissen wir. Dass wir nur einen klitzekleinen Bereich mit unseren Sinnen erschließen können, wissen wir auch. Warum soll also die Idee einer Ur-Substanz absurd sein? Gott und unser Glaube an ihn sind schließlich auch unsichtbar, aber dennoch vorhanden.

Ich persönlich schließe die Möglichkeit nicht aus, dass so eine Substanz existiert.

Wattles' erklärte Prinzipien sind einfach. Und ich kann dieses Kapitel einfach nicht beenden, ohne dir diese mit auf den Weg gegeben zu haben:

1. Akzeptiere die Tatsache, dass es eine formlose und denkende Substanz gibt, aus der alle Dinge gemacht sind. Ich persönlich stelle mir diese Substanz als eine Art Wölkchen vor, das über mir schwebt und meine Gedanken aufnimmt, sobald ich sie gedacht habe. Eine sehr simple Metapher, mit der ich gut arbeiten kann. Ich vermute allerdings, dass sie viel mehr ist als das. Sie ist die Luft um uns herum, sie existiert sowohl um uns als auch in uns drin – sie ist einfach überall. Dabei ist sie ähnlich schwer zu beschreiben und zu be-

greifen wie das, was wir Gott nennen. Und doch beten Abertausende von Menschen zu ihm, teilen ihm ihre Gedanken und Wünsche mit, ohne seine Existenz auch nur kurz zu hinterfragen.

2. Jeder Gedanke, der in dieser Substanz gedacht und ihr dadurch aufgeprägt wird, verursacht die Schöpfung der Sache, an die gedacht wurde. Das bedeutet nicht, dass dir die Sache direkt vor die Füße fällt. Jedoch wird eine kreative Energie in Bewegung gesetzt, um das Gedachte wahr werden zu lassen. „In dieser Substanz gedacht" bedeutet dabei nichts weiter als „überhaupt gedacht", denn die Substanz ist ja überall. Jeder noch so kleine Gedanke löst also etwas aus, bringt etwas in Bewegung, sodass dieser Gedanke irgendwann in irgendeiner Weise spürbar wird.

3. Die Wissenschaft des Reich-Werdens beginnt mit absoluter Akzeptanz und dem Glauben an die oben genannten Punkte.

4. Der erste Schritt besteht darin, die Fähigkeit zu erlernen, auf eine gewisse Weise zu denken, damit sich diese Gedanken in die Substanz einprägen. Diese gewisse Weise zu denken wird in den kommenden drei Punkten etwas näher erläutert:

a) Befreie dich vom Gedanken an Konkurrenz. Du allein hast die Macht, das zu schöpfen, was du haben möchtest. Kein Mensch hat irgendetwas, was du nicht auch haben kannst. Du musst niemandem etwas wegnehmen, denn die Versorgung aller Mittel ist niemals begrenzt.

b) Dankbarkeit zu empfinden ist der zweite Schritt, um sich mit der Substanz zu identifizieren. Sobald du deinen Gedanken erlaubst unzufrieden oder unsicher und ängstlich zu sein, konzentrierst du dich auf das Gewöhnliche, Ärmliche und Geringe. Und genau das wird daraufhin in dein Leben fließen. Empfinde eine grundsätzliche Dankbarkeit für alles und deine Gedanken werden der Ur-Substanz zu deinen Gunsten aufgeprägt.

c) Das Denken in der bestimmten Weise bedeutet ein exaktes geistiges Bild von dem zu haben, was du willst. Verschwommene und unklare Sehnsüchte reichen nicht aus. Außerdem muss hinter dieser Vision unbedingt die Absicht stehen, die Träume zu verwirklichen. Und hinter dieser Absicht muss ein standhafter Glaube sein, „daß das Ding bereits dein ist, es „zur Hand" ist und du es nur in Besitz zu nehmen brauchst".[6]

5. Dieses in Besitz nehmen erreichst du wiederum durch das Handeln in der bestimmten Weise. Dieses bestimmte Handeln darf weder in der Vergangenheit noch in der Zukunft liegen, sondern muss im Hier und Jetzt geschehen und auf die Personen und Dinge in deiner gegenwärtigen Umgebung wirken. „Warte nicht auf eine Änderung in der Umgebung, bevor du handelst; ändere das Umfeld durch Handeln."[7] Jede deiner

---

6 Wallace D. Wattles: Die Wissenschaft des Reich-Werdens. 1910. S. 28.

7 Wallace D. Wattles: Die Wissenschaft des Reich-Werdens. 1910. S. 40.

Taten, egal welche es ist, muss effizient sein, und diese Effizienz erreichst du, indem du an deiner Vision festhältst.

Wenn du jede noch so kleine Tat mit Elan angehst, wird jede Handlung ein Erfolg. Jeder Erfolg wiederum öffnet dir den Weg zu weiteren Erfolgen „… und dein Fortschritt in Richtung dessen, was du wünschst, wird in zunehmendem Maße rasanter."[8]

Im Grunde sind diese Prinzipien simpel. Es benötigt nicht viel Intelligenz, um an eine Substanz – du kannst sie meinetwegen auch Gott oder Universum nennen – zu glauben. Selbst die darauffolgenden To Do's sind einfach umzusetzen. Das Einzige, was du tun musst, ist, dich gedanklich damit auseinanderzusetzen und permanent an deinem Ziel dranzubleiben. Wenn du dich jetzt fragst: „Ja, und wieso wird dann nicht jeder reich?", ist auch das simpel zu beantworten. Nicht jeder verspürt aus seinem Inneren heraus das Bedürfnis, sich mit sich selbst und dem Konzept, was im Prinzip übrigens der Anziehsache entspricht, zu beschäftigen. Nicht jeder liest gern, nicht jeder nimmt sich die Zeit für ein stundenlanges Hörbuch. Es gibt genug Personen in meinem näheren Bekanntenkreis, denen ich das Buch von Wattles kaufen und vor die Nase halten könnte, sie würden das Konzept dennoch nicht umsetzen. So simpel die Anweisungen auch sind, solange die Faulheit, die Zweifel und Ängste überwiegen, wird die Person nie ein erfolgreiches und vor allem reiches

---

8   Wallace D. Wattles: Die Wissenschaft des Reich-Werdens. 1910. S. 44.

Leben führen. Angenommen, ich kenne zehn Personen. Von diesen zehn Personen halten vier die Prinzipien von Wattles für esoterischen Bullshit. Der Rest findet die Idee zwar gut, doch scheitert es bei einem bereits daran, im Hier und Jetzt zu denken und zu handeln und nicht der Vergangenheit nachzuhängen oder Unmengen an Plänen und „Was-wäre-wenn-Szenarios" für die Zukunft zu schmieden. Ein anderer ist unfähig, ein klares Bild seiner Träume und Wünsche zu formulieren. „Joah, keine Ahnung, bisschen Geld wäre cool" wäre alles, was diese Person als Ziel definieren würde. Einer ist der festen Überzeugung, dass Vermögen nur durch Wettbewerb erreicht werden kann, ganz ungeachtet dessen, womit gehandelt wird. Ganz nach dem Motto: „Was muss ich verkaufen, um an das große Geld zu kommen?" Egal, wie unsinnig dieser Artikel ist und welchen Nutzen er hat. Zwei von ihnen haben große Schwierigkeiten damit, ehrliche Dankbarkeit zu empfinden, und nehme diese eher als Verpflichtung wahr. Ehrliche Dankbarkeit ist für mich kein Abhaken einer Liste mit zehn Dingen drauf, für die man am Ende des Tages dankbar ist. Dankbarkeit findet im Moment selbst statt. Es ist ein Gefühl und kein Gedanke. Empfindest du wahrhaftige Dankbarkeit für etwas, was du hast und tust, kämest du nie auf die Idee zu jammern und mit allem unzufrieden zu sein. So bliebe von diesen zehn Personen nur noch eine übrig, die es schafft, das Konzept umzusetzen. In der Regel merkt man es diesen Personen an, ob sie sich auf dem erfolgreichen Weg bewegen. Sie sind ausgeglichen, niemals hektisch – denn es gibt auf dem schöpferischen Weg keine Eile – und rundum zufrieden. Wirf einen Blick auf deinen Bekanntenkreis. Ich wette, meine kleine, nicht repräsentative Mini-Studie trifft voll und ganz zu.

Überzeugung 3:

Körperliches und Seelisches Wohlbefinden

ist nicht für alle da

Ich bin eine Meisterin im Verdrängen von Dingen.
Es fing bereits im Grundschulalter an. Da hielt ich
es für klüger, im Unterricht lieber gar nicht, oder nur
wenn nötig, zu sprechen, als mit meinem gebrochenen
Deutsch aufzufallen. Ich schämte mich für meine rus-
sischen Wurzeln und dafür, *anders* zu sein als die anderen. Selbst als ich die Sprache irgendwann beherrschte,
hielt sich der Wunsch, um keinen Preis aufzufallen,
hartnäckig bis ins Jugendalter. Eigentlich total absurd,
da alle meine Schulklassen aus Kindern vieler unter-
schiedlicher Nationalitäten bestanden.

Indem meine Eltern ihre eigenen kleineren und grö-
ßeren Schwierigkeiten mit der Integration zu meistern
hatten, war ich schon früh dazu gezwungen, Verantwortung zu übernehmen. Manchmal sogar mehr, als
mir lieb war. Ich begleitete meine Mutter zu Ärzten,
übersetzte bei Behördengängen und ging zu Eltern-
abenden meiner jüngeren Geschwister.

Ich erfuhr mit dreizehn Jahren, was es heißt, einen
hohen Blutdruck zu haben, und entwickelte eine Hei-
denangst vor einem Herzinfarkt, den meine Mutter
erleiden könnte, sollte sie nicht mehr Acht auf sich

geben. Situationen, in denen ihre Stimmung zu sehr in die eine oder andere Richtung kippte, verfolgte ich immer mit sorgenvollem Blick, nach möglichen Symptomen Ausschau haltend. Als sie einmal wegen einer Salmonellenvergiftung ins Krankenhaus kam, hörte ich vor lauter Stress sogar auf zu essen. Nichts, wirklich nichts schmeckte mir. Ich aß als Kind schon nicht sonderlich viel. Doch da erreichte mein Körpergewicht ein wirkliches Minimum, aus dem ich erst Jahre später wieder rauskam. Ich verdrängte jegliche Körpersignale wie Hunger und Schwindel und suchte Halt im Verzicht.

Die vielen Behördengänge verursachten eine unbegründete, aber tiefsitzende Telefon-Phobie in mir, die noch weit bis ins Erwachsenenalter anhielt. Sobald das Telefon klingelte, sei es zu Hause oder während eines Jobs, löste es immer ein kurzes Pieken in meinen Fingerspitzen aus, bevor ich merkte, dass sie anfingen zu schwitzen. Sobald ich etwas nicht auf Anhieb verstand, was in jungen Jahren natürlich hier und da öfter vorkam, fühlte ich mich inkompetent und ohnmächtig. Doch durfte ich mir nie etwas anmerken lassen. Ich war schließlich das Glied, was alles zusammenhielt. Und so verdrängte ich lieber meine Angst. Meine Fingerspitzen sind auch heute noch ein guter Indikator dafür, mir zu zeigen, dass ich nervös bin.

Natürlich war ich wütend darüber, nach und nach in die fürsorgende, elterliche Rolle gerutscht zu sein. Ich bin es heute noch, wenn ich an diese Jahre zurückdenke. Meine eigenen Bedürfnisse standen nicht mehr an oberster Stelle, waren unwichtig gegenüber dem Großen und Ganzen. Aber so war es nun einmal.

Selbst die „wilden" Jahre ab Beginn der Pubertät verbrachte ich betrübt. Diejenige Zeit, die einem niemand wieder bringt, die man eingeschlossen im Kinderzimmer verlebt, weil man stundenlang chatten, sich vor Liebeskummer ausheulen oder einfach in Ruhe die Bravo lesen möchte – natürlich die Seiten mit den Nackten. Das alles war nur bedingt möglich, in einem Kinderzimmer, das ich mir mit meinen beiden jüngeren Geschwistern teilen musste, bis ich siebzehn war. Aber nicht nur das. Ich begann mich für meinen Körper zu genieren aufgrund der Akne, die sich nicht nur im Gesicht, sondern auch auf dem gesamten Oberkörper breit machte.

Die einzige Zeit, die ich genoss, war meine kleine Rebellion im Alter von fünfzehn Jahren – zumindest zu Anfang. Zusammen mit einer Freundin machte ich die Stadt unsicher. Wir brezelten uns auf, lernten Jungs kennen, erschlichen uns Nächte, die wir in Discotheken verbrachten, und probierten hier und da mal einen Joint. Im Grunde nichts Wildes. Hätte ich damals geahnt, dass der Konsum von Marihuana mich nicht fröhlich stimmt oder gar beruhigt, hätte ich diesen Schritt wahrscheinlich weggelassen.

Das völlig neue Körpergefühl, die entspannten Glieder und der dumpfe, wattige Kopf sorgten viel mehr dafür, dass meine Angst, die Kontrolle über mich selbst zu verlieren, in einer waschechten Panikattacke endete. Meiner bis dahin ersten und leider nicht letzten Panikattacke. Sie brachüberraschend und voller Wucht über mich herein, obwohl es sich bei diesem einen Mal nicht um das erste Mal handelte, dass ich dieses Zeug konsumierte.

Natürlich wusste ich damals nicht, was um mich geschah. Hätte ich die Signale richtig gedeutet, hätte ich mich womöglich bemüht aus dieser Spirale rauszukommen. Ich aber meinte diese Symptome nur zu gut zu kennen. Ich war mir sicher, mein Herz würde schlappmachen. Ein Herzinfarkt mit fünfzehn kam sicher schon mal vor.

Und so geschah es, dass ausgerechnet die schönste Zeit meiner Jugend durch die schlimmste abgelöst wurde. Eines Nachts ließ ich mich vor lauter Angst in die Klinik fahren, voller Gewissheit, dass ich sie nicht überleben würde. Ich verabschiedete mich von meinen Eltern, sagte ihnen, dass ich sie liebhatte, und gab mich der blanken Panik hin. Ich hörte schließlich schon das Rauschen in meinen Ohren, was mein Puls verursachte, und spürte mein Herz bis zum Hals schlagen. Natürlich wurde am Ende des Tages keine körperliche Ursache gefunden. Nur die Reste eines Blutdrucksenkers, den ich einnahm, wurden im Laborbericht vermerkt. Ein Laborbericht, in dem das Wörtchen „Drogen-Screening" stand. Das einzige Wort, welches meine Mutter verstand – leider.

Die Zeit, die hieraufhin folgte, war noch schlimmer als die Panik selbst. Das dort „negativ" stand, ignorierte sie. In ihren Augen war aus ihrem kleinen Mädchen ein drogensüchtiger Rebell herangewachsen, ein völlig irrationaler und unbegründeter Gedanke. Genauso irrational und unangebracht, wie ich dies bereits bei der Selbsterkundung erlebt hatte. Sie entzog mir alles.

Liebe, Mitgefühl, Freude. Sie sprach über Wochen nicht mit mir. Das Fünkchen Spaß, das klitzekleine Fünkchen Selbstbewusstsein, was ich zu empfinden angefangen hatte, wurde mir schlagartig genommen. Dessen Platz nahmen nun wieder die altbekannten Emotionen ein, Trauer, Frust und Schuldgefühle.

Das war der Zeitpunkt, zu dem ich anfing meine Zähne aufeinander zu beißen. Ich tue es bis heute noch. Generell sind die Erfahrungen, die ich in diesem Kapitel teile, diejenigen, die am nachhaltigsten auf meinen Körper einwirken. Oberflächlich betrachtet geht es mir gut. Ich kann herzhaft über einen Witz lachen, mit meiner Tochter rumalbern, und doch empfinde ich innerlich so gut wie nichts. Ich habe mit den Jahren einfach gelernt, dass es besser ist, keine Freude zu empfinden, denn sie wird ja eh gestohlen. Es ist besser, keine Liebe zu empfinden, denn sie wird ja eh nicht erwidert. Es ist besser, keinen Spaß zuzulassen, denn was daraufhin folgt, sind nur Leid und Frust. Ich bin eine leere Puppe und vermeintlich zufrieden damit. Blöd nur, dass der Körper es besser weiß und dies auf unschöne Weise zeigt. Ich brauche nur in den Spiegel zu schauen und sehe zwei Augen, die sich krampfhaft verschließen, so als würden sie zurückschrecken vor dem, was sie sehen.

***

In Bezug auf meinen Körper fühle ich eine bleierne Müdigkeit und Abgeschlagenheit, die auch nach zehn Stunden erholsamen Schlafes nicht vergeht. Ich fühle mich unfähig, Emotionen zu empfinden, egal ob positive oder negative. Wobei die negativen sich nach und nach mehr an die Oberfläche durschlagen. Ich fühle mich rundum verspannt und unwohl. Mir fehlt jegliche Motivation, mehr aus mir zu machen. Ich esse ohne Lust und doch zu viel. Folglich bin ich nicht nur mit meiner Seele, sondern auch mit meinem Körper mehr als unzufrieden.

Das Resonanzfeld, was ich aufbaue, die Schwingungen, die ich nach innen und außen sende, sind ebenso schwerwiegend. Mit jedem Gedanken an Müdigkeit ziehe ich nur noch mehr Müdigkeit in mein Leben. Mit jedem Gedanken an Motivationslosigkeit ziehe ich nur noch mehr Trägheit an. Zumindest weiß ich heute, dass das ewige Wangenbeißen, das Aufeinanderpressen meiner Zähne, der dadurch schmerzende Kiefer und mein neuer Augen-Tic keine Ausdrücke selbstverletzenden Verhaltens sind. Es ist viel mehr das Signal meines Körpers, mir mitzuteilen, dass ich etwas ändern muss.

Ich wünsche mir die Energie und das Gefühl zurück, Bäume ausreißen zu können. Ich wünsche mir die Motivation zu spüren, den Tag voller Freude zu starten, wach und ausgeschlafen, klar und fit. Ich wünsche mir mich genügend um mich selbst zu kümmern, mir die Pflege zu gönnen, die ich brauche. Ich sehe mein perfektes Abbild vor mir, gesund und schlank, wunderschön und hochwertig gekleidet, ausgeglichen, fröhlich, warmherzig. Mein Körper und mein Gesicht sind entspannt. Kein Tic, keine Verspannung, die das Erscheinungsbild trüben.

Mein nächster Schritt ist es nun also, meine Über-zeugungen in positive Gedanken und Glaubenssätze umzuwandeln, und genau das tue ich jetzt:

Überzeugung alt: Ich bin ständig müde und kaputt. Ich habe keine Kraft, es zu ändern.
Überzeugung neu: Ich bin wach, fühle mich klar und starte jeden Tag beschwingt und voller Motivation.

Überzeugung alt: Sport und generelle körperliche Betätigung machen keinen Spaß und sind lästig. Außerdem habe ich keine Zeit dazu. Ich bin träge und verspannt.
Überzeugung neu: Sport und Bewegung machen mir Spaß. Sie gehören zu meinem Leben dazu. Ich bin ein sportlicher Mensch und fühle mich gesund und entspannt.

Überzeugung alt: Meine Tics haben mich im Griff. Sie werden nie wieder verschwinden, da sie bereits chronisch sind.
Überzeugung neu: Ich lebe frei von jeglichen körperlichen und seelischen Tics.

Überzeugung alt: Ich bin unfähig, meine eigenen Gefühle anzuerkennen und zu verspüren. Stattdessen fühle ich mich leer und teilnahmslos.
Überzeugung neu: Jedes Gefühl ist es wert, erkannt und ausgelebt, also gefühlt zu werden, bis es von allein abgeklungen ist. Ich spüre jede Emotion und erlaube mir diese zu fühlen.

Überzeugung alt: Es lohnt sich nicht, mich zurecht-zumachen, zu schminken und hübsch anzuziehen, da mich eh niemand sieht.

Überzeugung neu: Ich mache mich zurecht, um mir selber zu gefallen, um meinen Körper wertzuschätzen und um jeden Tag das Beste aus mir herauszuholen.

Es fällt mir wirklich schwer, meine alten Überzeugungen zum körperlichen und seelischen Wohlbefinden abzulegen und aus meiner Komfortzone herauszutreten. Es könnte so einfach sein, sich einen regelmäßigen Massagetermin zu buchen, sich auf sein Fahrrad zu schwingen oder jeden morgen früh aufzustehen, um sich ausgiebig um sich selbst zu kümmern. Dinge, die mich meinem Wunschergebnis näher bringen. Meine genannten negativen Glaubenssätze aber sind fest in meinem Gehirn verankert. So fest, dass sie längst Bestandteil meiner körperlichen Empfindungen sind. Ich kann mir nicht vorstellen mich fit und ausgeschlafen zu fühlen, wenn ich doch offensichtlich müde bin. Ich kann mir nicht einreden, dass es sich lohnt, mich zurechtzumachen, wenn ich den Tag nur daheim verbringe und am Ende auch noch alles wieder abschrubben muss. Manchmal ertappe ich mich bei der Frage, ob mir mein Wunsch eventuell nicht wichtig genug ist. Wieso siegt die Faulheit? Auf welches Ereignis warte ich, um mit der Veränderung zu beginnen? Was muss mir mein Körper noch signalisieren, bis ich den ersten Schritt wage? Du merkst, ich bin auch noch nicht am Ziel angelangt.

Neue Überzeugungen im Überblick

Da sind sie also, meine neuen, guten Glaubenssätze. Meine Überzeugungen, die ich ab sofort, so gut es geht, umzusetzen versuchen werde. Und zwar solange, bis meine alten Gedanken und Gewohnheiten gänzlich ausgelöscht sind.

Damit mein Unterbewusstsein diese Glaubenssätze, oder auch Affirmationen genannt, aufnimmt und als wahr abspeichert, besteht meine Aufgabe darin, sie ständig zu wiederholen.

Es gibt viele Methoden, dies zu tun. Online finden sich Vorschläge wie das tägliche laute oder auch leise Aufsagen der Sätze. Manchen hilft es, die Sätze in den Spiegel zu sprechen und sich dabei zu beobachten. Andere wiederum kleben sich Post-It's an bestimmte Orte, um an sie erinnert zu werden. Es ist egal, ob du dabei meditierst, dir eine Bildercollage erstellst oder dich mit Freunden dazu austauschst. Die Hauptsache ist, dass du dich damit beschäftigst.

Durch die Auseinandersetzung mit deinen positiven Überzeugungen erzeugst du auch positive Bilder im Kopf, die es dir letztendlich leichter machen, die vorhandenen negativen Gefühle und Gedanken loszulassen.

Mir persönlich würde es wenig nützen, eine Liste auszudrucken und mir die Sätze Stück für

Stück aufzusagen. Es würde einem Vokabeltest gleichen, wo ich das schnell auswendig Gelernte im Kurzzeitgedächtnis abspeichere, um es bei Bedarf roboterhaft auszuspucken. Einen langfristigen Effekt hätte es nicht. Für mich muss jeder Satz mit einem Gefühl verbunden sein. Daher habe ich mir überlegt mir jeden Tag einen dieser Sätze auszusuchen und mein Handeln und Denken danach auszurichten. Nehme ich beispielsweise den ersten Satz aus der Kategorie Liebe, der lautet „Meine Bedürfnisse stehen an erster Stelle.", so würde ich an diesem Tag vermehrt darauf achten, meine Bedürfnisse wirklich in den Vordergrund zu stellen. Jede Entscheidung an diesem Tag, sei sie noch so klein, würde der Prüfung unterzogen werden, ob sie auch wirklich meinem Bedürfnis entspricht. Ist es mir wirklich egal, was wir heute Abend essen, oder verlange ich nach Sushi, obwohl ich weiß, dass es außer mir niemand mag? Und so gehe ich mit allen Sätzen vor. Hier noch einmal alle zusammengefasst:

Liebe

o   Meine Bedürfnisse stehen an erster Stelle.

o   Liebe zwischen zwei Menschen existiert und ich habe das Recht darauf, diese empfinden zu dürfen.

o   Sex bereitet mir bedingungslose und uneingeschränkte Lust und Freude ohne schlechtes Gewissen.

o   Ich bin liebenswert, wertvoll und schön

Geld

- Ich kann so viel Geld besitzen, wie ich nur möchte. Hierzu bedarf es keiner harten Arbeit, die einem missfällt, oder zufälligem Glück. Ich habe jederzeit die Möglichkeit, reich zu werden. Dafür kann ich die Dinge machen, die mir gefallen.
- Geld ist im Überfluss vorhanden. Habe ich mal wenig Geld, wird wieder Neues hinzukommen.
- Geld bewirkt viel Gutes und ermöglicht es, Menschen zu helfen.
- Ich fühle mich wohl mit viel Geld. Andere profitieren von meiner Großzügigkeit. Ich schenke gern und mit Dankbarkeit.
- Ich ziehe Geld an, denn ich habe es verdient, Geld zu empfangen.
- Auch sanftmütigen und netten Menschen fließt das Geld zu.
- Ich bin reich.

Körper und Seele

- Ich bin wach, fühle mich klar und starte jeden Tag beschwingt und voller Motivation.
- Sport und Bewegung machen mir Spaß. Sie gehören zu meinem Leben dazu. Ich bin ein sportlicher Mensch und fühle mich gesund und entspannt.

- Ich lebe frei von jeglichen körperlichen und seelischen Tics.
- Jedes Gefühl ist es wert, erkannt und ausgelebt, also gefühlt zu werden, bis es von allein abgeklungen ist. Ich spüre jede Emotion und lasse es zu, diese zu fühlen.
- Ich mache mich zurecht, um mir selber zu gefallen, um meinen Körper wertzu-schätzen und um jeden Tag das Beste aus mir herauszuholen.

Und nun?

Die Anziehsache mag uns wie ein aktueller Trend erscheinen. Überall hört man von diesem Konzept. Jeder erzählt einem, wie wichtig es ist, sich ständig selbst zu optimieren. Geht es dir nicht gut, bist du selber schuld. Deine Gedanken waren einfach nicht positiv genug, dein Wunsch nicht stark genug oder falsch formuliert. Überall wird dir suggeriert, wie ein erfolgreiches Leben auszusehen hat, was du leisten musst, um reich zu sein, was du besitzen musst, um glücklich zu sein. Klappt es nicht sofort, bist du frustriert. Doch so funktioniert die Anziehsache nicht.

Es ist natürlich bequem und bis zu einem gewissen Grad hilfreich, sich hier und dort etwas abzugucken, sich inspirieren zu lassen. Doch wenn du möchtest, dass deine Gedanken die Dinge erschaffen, die du dir wünschst, kommst du nicht drum herum, dich in einer ruhigen Minute hinzusetzen und darüber nachzudenken, was du, und nur du allein, dir vom Leben erhoffst. Vielleicht möchtest du gar nicht mächtig, besonders produktiv, überragend hübsch und berühmt sein. Dann ist das okay. Hauptsache, du weißt, was du möchtest.

Was so einfach klingt, ist ein ganzes Stück harte Arbeit. Schon Henry Ford[9] sagte einst: „*Weil Denken die schwerste Arbeit ist, die es gibt, beschäftigen sich auch nur*

9   US-Amerikanischer Erfinder und Automobilhersteller

wenige damit.“ — und das ist leider wahr. In meinem Freundes-, Familien- und Bekanntenkreis geben sich sehr viele der Verlockung hin, das Denken den anderen zu übergeben und ein vermeintlich ruhiges, risikoarmes, aber fremdbestimmtes Leben zu führen. Es ist wahrlich eine Herausforderung anzuerkennen, dass niemand außer dir selbst verantwortlich ist für deine Wirklichkeit, dass du niemandem die Schuld für etwas zuschieben kannst und dass du nicht in der Opferrolle steckst. Auch wenn sie hier und da bequem erscheinen mag.

Wobei wir an dieser Stelle meiner Meinung nach den größten Haken finden, den es an der Anziehsache gibt. Du kannst im Leben nicht alles und jeden nach deinem Belieben beeinflussen. Wenn wir bei dem Schwingungsthema bleiben, so können deine ausgesandten Schwingungen noch so stark sein, wenn die der anderen Person oder Organisation stärker sind, so kannst du nur wenig ausrichten.

Du kannst dir noch so sehr wünschen, eine geliebte Person würde wieder gesund. Wenn alles um sie herum inklusive ihrer eigenen Gedanken in negativer Weise um Krankheit kreist, wird die Krankheit bleiben. Du kannst noch so sehr versuchen eine Person wieder *auf die richtige Spur* zu bringen, wenn ihr Fokus einzig und allein auf Rebellion, Ärger oder Depression gerichtet ist, wird die Person ihren Pfad nicht ändern.

Du kannst nicht alle Umweltkatastrophen, Gewaltverbrechen und Ungerechtigkeiten dieser Welt verhindern. Noch kannst du verhindern selbst Opfer dieser Katastrophen zu sein oder zu werden. Manche Dinge sind einfach höhere Gewalt. Du kannst nur versuchen deinen Umgang mit diesen Leidensthemen, deine Einstellung zu Themen, die dir in der Vergangenheit widerfahren sind, in irgendeiner Weise ins Positive zu verändern. Das ist dein Job. Und ja, es ist nun mal der schwerste Job von allen. Seit Menschengedenken versuchen Menschen diese Aufgabe zu erfüllen und ihre Erkenntnisse an nachfolgende Generationen weiterzutragen. Und das ist das Gute – im Grunde sind wir nicht allein damit.

Auch wenn die Anziehsache mit Erscheinung des Films *The Secret,* welcher nach dem Buch von Rhonda Byrne entwickelt wurde, erst so richtig populär wurde, ist das Prinzip schon uralt.

Jede Aussage damaliger Philosophen spielt auf das eine Konzept ab: „Wohin du deine Aufmerksamkeit lenkst, dahin fließt deine Lebenskraft".

So finden sich in der Bibel Zitate wie „Darum sage ich euch: Alles, um was ihr betet und bittet – glaubt, dass ihr es empfangt, und es wird euch werden."[10]

Oder „Es ist aber der Glaube eine gewisse Zuversicht auf das, was man hofft, und ein Nichtzweifeln an dem, das man nicht sieht."[11] Auch Siddharta Guatama, heute als Buddha bekannt, der vor etwa 2500 Jahren am Himalaya lebte und den Buddhismus begründete, sagte Folgendes: „Wir sind, was wir denken. Alles, was wir sind, entsteht aus unseren Gedanken.

---

10   Markus Kapitel 11, Vers 24

11   Hebräer 11:1

Mit unseren Gedanken formen wir die Welt."

Was lernen wir daraus? Ein Prinzip, das seit Jahrtausenden funktioniert, wird auch heute und in alle Zukunft weiter bestehen.

Wenn du heute nach den Regeln für Erfolg suchst, findest du genau diese Weisheiten wieder. Egal, womit du startest, fange *jetzt* damit an. Finde heraus, was du möchtest, habe eine klare Vision, sei fokussiert und stets dankbar.

Was möchte ich dir mit auf den Weg geben?

Finde heraus, was du möchtest. Du merkst es daran, ob du Spaß bei den Dingen empfindest, die du tust. Lange Zeit dachte ich beispielsweise, aus mir könnte eine gute Tänzerin werden. Ich mag die Perfektion in den Bewegungen, die Mischung aus Eleganz, Kraft und Sanftheit. Ich meldete mich in der Tanzschule an und merkte schnell, dass mir die Sache nicht wirklich Freude bereitete. Feste Termine und strikte Abläufe in den Bewegungen, jede Woche das Gleiche, das entsprach irgendwie nicht meiner Vorstellung von körperlichem Ausdruck. Und so schleppte ich mich eher widerwillig hin, bis ich letztendlich nach zwei Jahren kündigte. Dafür würde ich liebend gern eine Ballettvorstellung besuchen. Lasse dir also Zeit bei der Findung deiner Wünsche und Träume.

Denke öfter an das Große und an das Kleine. Lasse dich von der Magie des Weltalls verzaubern. Wer weiß, was das Weite und Ferne für uns bereithält. Lasse dich von den Vorgängen im Allerkleinsten beeindrucken. Du wirst die Atome und die Elementarteilchen in dir zwar niemals zu Gesicht bekommen, doch sie sind da und in ihnen passieren wahrliche Wunder. Dein Körper ist ein Meisterwerk, alles passt perfekt zusammen. Dein Gehirn formt deine Gedanken schneller als jeder Computer dieser Welt. Behalte sie im Blick, lasse sie nicht einfach ihres Weges gehen. Verfolge sie, leite sie an schönere Orte. Behalte stets im Hinterkopf, dass deine Gedanken und Überzeugungen nicht nur dich selbst, sondern auch dein Umfeld und deine Mitmenschen beeinflussen. Sei dir deiner Verantwortung bewusst. Du kannst dein Umfeld ändern, indem du deine Art zu denken änderst. Alles in der Welt ist in gewisser Weise nicht nur Ansichtssache, sondern auch Anziehsache.